学校図書館の基礎と実際

後藤 敏行

樹村房

序　文

　近年，問題解決的な学習や調べ学習に代表される，児童生徒が主体的に課題を発見し，判断し，解決する学習形態が重視されている。また，教養や言語力を育むためにも，読書活動の充実は多くの学校で重点課題になっている。

　それらを実施するために，学校図書館は（理論的には）欠くことができない。学校図書館の職務を担うのが司書教諭や学校司書である。本書は，司書教諭講習科目「学校経営と学校図書館」や，『これからの学校図書館の整備充実について（報告）』（2016（平成28）年）が示した学校司書のモデルカリキュラムの科目「学校図書館概論」の教科書になることを意図している。

　本書はまた，現職の司書教諭や学校司書，係り教諭，あるいは学校関係者や他館種の図書館員が学校図書館についてあらためて学ぶのにも役立つだろう。参考文献を充実させたこともあり，学校図書館に関するテーマでレポートや卒業論文などを書きたい学生の手引きにもなる。

　学校図書館は（理論的には）欠くことができない，と述べた。よく，政策立案者や学校管理職は，総論としては学校図書館の振興に賛同するが，実際は後回しになりなかなか発展しないと言われてきた。たしかに，司書教諭や学校司書の配置，学校図書館メディアの配備などの状況は，現状でも十分とは言えない。しかし近年，本書で解説するさまざまな法整備や政府の施策などが実施され，経時的には少しずつ，状況がよくなっている。学校図書館への関心も高まっている。

　今こそ，優秀な司書教諭や学校司書を養成し，学校の教育課程の展開への寄与，児童生徒の健全な教養の育成，さらには児童生徒の情報リテラシー涵養や生涯学習の基礎づくりのために，学校図書館を一層活用したい。本書がその一助となれば幸いである。

　第1章では，そもそも図書館とは何か，どのような種類があるかを説明する。

第2章は，学校図書館の理念と教育的意義について述べる。学校図書館の理念に関する国内外の文書を見たのち，情報リテラシーの育成や生涯学習への寄与などの教育的意義を指摘する。

　第3章は，学校図書館に関する法律，教育行政を解説する。これらが学校図書館への追い風になっていること，国の政策が学校図書館を重視していることはたしかなので，理解を深めたい。

　第4章以降は，経営サイクル，経営資源という観点から学校図書館を見る。第4章は総論であり，学校図書館の年間計画，組織，評価について解説する。この章を補足し，実務の現状に迫るため，現職の司書教諭への取材を実施した。その内容をインタビュー記事にして収録してもいる。

　第5章は人の問題である。司書教諭と学校司書の職務（役割分担や協働）について検討し，さらに，ボランティアや研修のあり方についても述べる。

　近年，学校司書の職務が従来よりも拡大され，教育指導的職務にまで及ぶと考えられるようになってきた。現場の実情に迫るため，現職の学校司書への取材を行った。その現場の声を第5章は掲載してもいる。

　学校図書館の資料にはさまざまなものがありえ，それらを総称して学校図書館メディアと呼ぶ。それらについて論じるのが第6章である。

　第6章では，「全国学校図書館協議会図書選定基準」に対して批判的な見方を提示してもいる。言うまでもなく，全国学校図書館協議会は学校図書館の伸長に非常に大きな役割を果たしているが，だからこそ，同協議会の活動に対して客観的でありたいと考えた。

　また，学校図書館における著作物の複製などについてのコラム記事を第6章に設けている。

　第7章は，学校図書館の望ましい施設，設備を解説する。予算や校舎自体の制約などはあるだろうが，本章で述べるポイントをできるだけ取り入れたい。

　第8章は，メディアや情報などを利用者に直接提供する，学校図書館のパブリックサービス（利用者サービス，直接サービス）について述べる。学校図書館が展開しうる多様なサービス・活動について学んでほしい。

　第9章は図書館協力，学校図書館への支援について見ていく。ひとつの学校

図書館には限界があるため，他館との図書館協力や支援が重要になる。

　本書の執筆にあたり，充実した人員や蔵書，設備で知られる玉川学園マルチメディアリソースセンターの伊藤史織様，『読みたい心に火をつけろ！』（岩波ジュニア新書）などで著名な春日部女子高等学校の木下通子様には，ご多用の折，取材をお引き受けくださいました。

　にかほ市教育委員会様，横手市教育委員会様には，小学校図書館の年間計画に関する資料の掲載をお認めくださいました。全国学校図書館協議会様，文部科学省児童生徒課様からは，筆者からの照会に対し，丁寧なご回答をいただきました。

　本書の企画から出版まで，樹村房の大塚栄一様，石村早紀様には，的確なアドバイス，激励，お心遣いをいただき，多大なお世話になりました。

　皆様に心から感謝申し上げます。

2018年1月

後藤敏行

目　次

序文　　iii

第1章　図書館とは ——————————————— 1
1. 図書館とは ……………………………………………… 1
2. 図書館の種類 …………………………………………… 2
   - （1）公共図書館　　2
   - （2）大学図書館　　4
   - （3）国立図書館　　5
   - （4）専門図書館　　6
   - （5）学校図書館　　7

第2章　学校図書館の理念と教育的意義 ——————— 10
1. 学校図書館の理念 ……………………………………… 10
   - （1）米国の学校図書館基準　　10
   - （2）IFLA／ユネスコの学校図書館宣言　　14
   - （3）全国学校図書館協議会の学校図書館憲章　　15
2. 学校図書館の教育的意義 ……………………………… 17
   - （1）情報リテラシー育成　　17
   - （2）生涯学習への寄与　　19

第3章　学校図書館に関する法律，教育行政 ————— 21
1. 学校図書館法 …………………………………………… 21
   - ▶学習情報センター，読書センターとしての学校図書館　　28
2. 子どもの読書活動の推進に関する法律 ……………… 29
   - ▶子どもの読書活動の推進に関する基本的な計画　　32

3．文字・活字文化振興法 ……………………………………… *33*
　　4．学校図書館図書整備等5か年計画 …………………………… *36*
　　5．学習指導要領 …………………………………………………… *38*

第4章　学校図書館の経営：総論 ————————————— *43*
　　1．学校経営と学校図書館 ………………………………………… *43*
　　2．学校図書館の経営 ……………………………………………… *44*
　　（1）学校図書館の年間計画　*45*
　　（2）学校図書館の組織　*47*
　　（3）学校図書館の評価　*48*
　　3．【インタビュー記事】学校図書館の現場（1）：図書館の経営，運営 …… *49*

第5章　学校図書館スタッフの現状と役割，研修 ————————— *64*
　　1．司書教諭と学校司書 …………………………………………… *65*
　　（1）そもそもなぜ2職種を配置するのか？　*65*
　　（2）司書教諭と学校司書の職務：従来どう考えられてきたか？　*66*
　　（3）司書教諭と学校司書の職務：近年はどう考えられているか？　*69*
　　（4）司書教諭と学校司書の現状：データから　*72*
　　2．ボランティア …………………………………………………… *76*
　　3．自己研鑽，研修 ………………………………………………… *77*
　　4．【インタビュー記事】学校図書館の現場（2）：学校司書と教育 ………… *78*

第6章　学校図書館メディアの選択と管理 ————————————— *90*
　　1．学校図書館メディア …………………………………………… *91*
　　（1）印刷メディア　*91*
　　▶コラム：学校図書館における著作物の複製など　*98*
　　（2）視聴覚メディア　*101*
　　（3）電子メディア　*101*
　　2．学校図書館メディアの選択 …………………………………… *103*

（1）メディア選択の基準　*104*
　　（2）メディアの数量基準　*105*
　3．学校図書館メディアの管理：特に除籍，更新について ……………… *106*

第7章　学校図書館の施設，設備 ——————————*109*
　1．「学校施設整備指針」，「学校図書館施設基準」 ……………………… *109*
　2．施設，設備のその他の望ましい条件 …………………………………… *112*
　3．学校図書館の情報化 ……………………………………………………… *115*

第8章　学校図書館のサービス・活動 ——————————*117*
　1．メディア提供サービス …………………………………………………… *118*
　2．情報サービス ……………………………………………………………… *120*
　3．読書指導，読書相談サービス …………………………………………… *121*
　4．行事・集会活動など ……………………………………………………… *123*
　5．その他のサービス・活動 ………………………………………………… *124*
　　（1）広報活動　*124*
　　（2）児童生徒の図書委員会の指導　*126*
　　（3）特別な支援が必要な児童生徒へのサービス　*127*

第9章　図書館協力，学校図書館への支援 ——————————*129*
　1．学校図書館と公共図書館の協力 ………………………………………… *129*
　2．学校図書館支援センター ………………………………………………… *130*
　3．国際子ども図書館による学校図書館への支援 ………………………… *131*

さらに学習するための文献紹介　　134
参考文献　　139
索引　　153

第1章 　図書館とは

　学校の外にも各種の図書館があり，学校図書館と協力したり，学校図書館を支援したりしている（本書第9章）。また，各種の図書館と比較することで，学校図書館をより深く理解できる場合があるだろう。こうした点を考慮して，本書ではまず，図書館とは何か，どのような種類があるか，といった点から整理する。読者がもし，司書教諭や学校司書だけでなく，司書資格も取ろうとしていて，そのための科目「図書館概論」を履修していれば，以下はスキップして次章の「学校図書館の理念と教育的意義」に進んでもらっても構わない。

1．図書館とは

　図書館とは，図書を中心に，記録された知識や情報を収集，整理，保存し，利用に供することを目的とする機関である。図書館は，資料の保存，蓄積によって世代間の文化の継承，発展に寄与しており，かつ，ある時代の社会において，知識や情報の伝播(でんぱ)を円滑にする役割も果たしている。

　記録された知識や情報を収集，整理，保存し，利用に供することを目的とする機関には，考え方によっては，文書館や博物館，その他いくつかの公的機関も該当するだろう。あるいは民間企業も含まれうる。例えば，サーチエンジンで有名なGoogle社は，「世界中の情報を整理し，世界中の人々がアクセスできて使えるようにする[1]」ことをみずからの使命だとしている。

　一方図書館は，上に述べたように，図書を中心に一連の活動を行う。図書のほかにも，雑誌や新聞，パンフレット，視聴覚資料など，資料[2]の種類は多様

1：Google. "Googleの歴史：ガレージからGoogleplexへ". https://www.google.com/intl/ja/about/our-story/,（参照 2017-09-07）.

である。

2．図書館の種類

今日，図書館は，公共図書館，大学図書館，学校図書館，国立図書館，専門図書館の5つの館種に分類されるのが通例である。学校図書館以外の4種を整理したのち，学校図書館について見てみよう。もちろん学校図書館については本節以外でも，本書全体を通じて解説をすることになる。

（1）公共図書館

地域の住民にサービスをする図書館である。日本では，図書館法（1950（昭和25）年制定）が「図書，記録その他必要な資料を収集し，整理し，保存して，一般公衆の利用に供し，その教養，調査研究，レクリエーション等に資することを目的とする施設」と図書館を規定している（2条1項）。同法では単に「図書館」という表現が使われているが，同法の目的や内容から，同法でいう図書館とは公共図書館のことであると解釈されている。地方公共団体が設置するものを公立図書館といい，日本赤十字社，一般社団法人，または一般財団法人が設置するものを私立図書館という（同2項）。公共図書館に置かれる専門的職員を司書や司書補と呼ぶ（4条1項）。

2012（平成24）年の文部科学省告示[3]「図書館の設置及び運営上の望ましい基準」では，市町村立図書館は，利用者や住民に対する直接的なサービスの実施に努めること，都道府県立図書館は，それに加えて，市町村立図書館に対する援助や都道府県内の図書館間の連絡調整に努めること，私立図書館は広く公益に資するよう運営を行うことが望ましいことなどが図書館運営の基本であると

2：図書館資料という言葉は昔からあり，現在も日常使われている。近年，図書館情報資源という表現も普及しつつある。また，学校図書館に関する文献では，学校図書館の資料を学校図書館メディアと呼ぶ場合も多い（本書第6章）。
3：告示とは，公の機関が，必要な事項を公示する行為またはその行為の形式。公示については本書第3章脚注30参照。
高橋和之ら編『法律学小辞典』第5版，有斐閣，2016年，p. 429.

している[4]。

　図書館法制定当時，財政上の余裕がないこともあり，地方の自主性によって実情に即して図書館を設置することにした。つまり図書館の設置は義務ではない。日本図書館協会[5]による年刊の統計書『日本の図書館』によれば，2016年4月時点で，公共図書館の数は日本全国で3,280館（うち，公立図書館は3,261館）にのぼる[6]。一方，図書館を設置している地方公共団体の率で見ると，都道府県が100％，市区が98.9％であるのに対し，町村は55.8％にとどまっている[7]。地域格差の解消という観点からは，課題はなお残っている。

　私立図書館については，『日本の図書館』には19館が掲載されている[8]。しかし，「私立図書館の全体数の把握が不完全であり，私立図書館に対する悉皆的な調査はない」（ルビ筆者）との指摘がある[9]。

　「日本の図書館」からは，日本の公共図書館に関する以下の状況も見て取れる[10]。

- 年間の個人貸出の総数は7億351万7千点にのぼる。人口ひとりあたり年間約5.5点の資料を公共図書館から借りている計算になる。
- 専任職員数は10,443人。非常勤職員，臨時職員，委託・派遣職員は合計で28,460人（年間実働時間の計が1,500時間で1人として換算）。1980年代から

4：文部科学省．"図書館の設置及び運営上の望ましい基準（平成24年12月19日文部科学省告示第172号）"．http://www.mext.go.jp/a_menu/01_l/08052911/1282451.htm，（参照2017-09-07）．
5：日本の図書館を代表する総合的な全国組織。2014年1月に公益社団法人として認定された。
6：日本図書館協会図書館調査事業委員会編『日本の図書館：統計と名簿』日本図書館協会，2017年，p. 24．
7：日本図書館協会図書館調査事業委員会編『日本の図書館：統計と名簿』日本図書館協会，2017年，p. 20．
8：日本図書館協会図書館調査事業委員会編『日本の図書館：統計と名簿』日本図書館協会，2017年，p. 214．
9：塩見昇，山口源治郎編著『新図書館法と現代の図書館』日本図書館協会，2009年，p. 204．
10：日本図書館協会図書館調査事業委員会編『日本の図書館：統計と名簿』日本図書館協会，2017年，p. 24, 28, 29．

の専任職員数の経年変化を見ると，図書館数や個人貸出総数とは異なり，1990年代後半の1万5千人台をピークに漸減している。年間受入図書冊数や資料費も近年減少傾向にある。

（2）大学図書館

大学に設置され，教育・学習と研究を支援する図書館である。日本では，4年制大学の図書館だけを指す場合も，4年制大学，短期大学，高等専門学校，および大学院大学に設置される図書館を総称して大学図書館と呼ぶ場合も，両方ある。

大学図書館のための法律はなく，大学設置基準（1956年制定），短期大学設置基準（1975年制定），高等専門学校設置基準（1961年制定）という各省令が設置を義務づけ，基準の大枠を示している。

多くの大学図書館は全国規模のネットワークでつながっており，大学共同利用機関法人である国立情報学研究所（National Institute of Informatics：NII）が，ネットワークの構築に中心的な役割を果たしている。

公共図書館の場合と異なり，大学図書館の設置を上記のとおり省令が義務づけているので，基本的にすべての大学に図書館が設けられる。文部科学省が毎年実施している「学術情報基盤実態調査」の平成28年度版によると，全国の国公私立大学図書館の専任職員数は4,999人，臨時職員は5,715人，業務委託等職員は4,277人である（ただし，短期大学と高等専門学校の図書館は調査に含まれていない）[11]。過去10年間の経年変化は，図書館職員数，専任職員数ともに減少傾向にある。図書館運営費や図書受入冊数，雑誌受入種類数も減少しており，厳しい財政状況がうかがえる。ただし電子ジャーナル（オンラインおよび電子媒体によって配布された学術雑誌）については，利用可能種類数，経費ともに増加している。

館外貸出サービスは学生の利用が81.9%を占めており，学生ひとりあたり年間約8.4冊の資料を大学図書館から借りていることも同調査から読み取れる。

11：文部科学省．"学術情報基盤実態調査（旧大学図書館実態調査）"．http://www.mext.go.jp/b_menu/toukei/chousa01/jouhoukiban/1266792.htm，（参照2017-09-07）．

（3）国立図書館

　国家が設置運営する，国の中央図書館である。自国資料の網羅的収集と保存，それらの書誌情報（タイトル，著者，版次，出版者[12]，出版年，サイズなどの，資料に関するさまざまな情報）の提供，図書館間の協力や国際交流の推進といった役割を担う[13]。

　日本では，国立国会図書館法（1948年制定）に基づき同年設置された，国立国会図書館（National Diet Library：NDL）が国立図書館として機能している。名前のとおり同館は，「国会議員の職務の遂行に資する」（同法2条），国会の活動を補佐する図書館でもある。同時に閲覧，レファレンス，複写といった国民への直接サービスや，全国各地の図書館への現物の貸出，複写物の提供なども行っている。

　国立国会図書館は「中央の図書館並びに［中略］支部図書館で構成」される（同法3条）。調査及び立法考査局や関西館，国際子ども図書館など，特に有名な部局や支部図書館がある。

　国立国会図書館法10章（国，地方公共団体，独立行政法人等による出版物の納入）および11章（その他の者による出版物の納入）に基づき，国立国会図書館は，法律によって国内の全出版物を収集しようとする，法定納本図書館の役割を果たしている。地方公共団体，独立行政法人，民間の出版社などが出版物を発行した場合，同法が規定する納入期限内に指定の部数を同館に納入しなければならない。

　国立国会図書館法は，納本制度を定める一方，館長は，「一年を超えない期間ごとに，前期間中に日本国内で刊行された出版物の目録又は索引を作成し，国民が利用しやすい方法により提供する」ものとしている（7条）。これに基づいて刊行されるのが『日本全国書誌』で，現在はNDL-Bibや国立国会図書

12：個人も団体も両方意味に含むため，このような文脈では出版社でなく出版者と表記するのが図書館の世界の通例である。
13：国立図書館をこのように定義した場合，国立大学や国立の研究所の図書館は，「国立」ではあるが，大学図書館や専門図書館に分類される。

館サーチなどを通じて提供されている。それらは国内の図書や論文などをほぼ網羅的に検索できるデータベースとなっている。

国立国会図書館の職員の定員は，館長，副館長を含めて888人（2016年4月時点。行政・司法部門の支部図書館の職員は除く）[14]，蔵書数は，本書を執筆している時点で最新の統計によると，図書1,000万点以上，雑誌・新聞なども合わせると総計4,100万点を超える[15]。国内最大の図書館である。

支部図書館である国際子ども図書館が，全国の学校図書館に対して資料・情報の提供や人材育成の支援を行っている（本書第9章3）。

（4）専門図書館

音楽図書館，法律図書館など，特定の主題領域の資料を扱う図書館や，雑誌図書館（例えば大宅壮一文庫），フィルムライブラリー（例えば東京国立近代美術館フィルムセンター）など，特定の形態の資料を扱う図書館である。企業などが業務遂行のために設置し，その構成員の利用を第一に考える場合が多いが，一般公開している例もある。

専門図書館には，企業が設置するもののほか，省庁，各種専門団体，外国政府機関の図書館，地方議会図書室なども含まれる。地方議会図書室は，地方自治法（1947年制定）で設置が義務づけられており（100条19項），政府の官報や都道府県の公報などを所蔵している。一般住民に利用させることができると規定されている（同20項）。一般社団法人または一般財団法人が専門図書館を設置した場合，図書館法2条で定める私立図書館（前述の（1）公共図書館を参照）にも該当する場合がある。

受刑者のための刑務所図書館や，入院患者や医療従事者のための病院図書館なども存在し，それらは「その他の図書館」と呼ばれることも，専門図書館に含められることも，両方ある。

14：国立国会図書館．"組織・職員・予算"．http://www.ndl.go.jp/jp/aboutus/outline/organization.html，（参照2017-09-07）．
15：国立国会図書館．"統計"．http://www.ndl.go.jp/jp/aboutus/outline/numerically.html，（参照2017-09-07）．

専門図書館全体を統括する法令は日本にはない。わが国の専門図書館の全国組織に専門図書館協議会がある。同協議会が『専門情報機関総覧』を3年に1回刊行している。タイトルのとおり専門情報機関を収録するものであり、図書館以外のものも含まれているが、2015年版の収録機関数は1,659にのぼっている。

(5) 学校図書館

学校図書館とは、児童生徒の学習や読書、教員の教育活動を進めるために、小中高校等に設けられる図書館である。日本では、学校図書館法（1953（昭和28）年制定。詳細は本書第3章1））が小学校、中学校、高等学校（義務教育学校、中等教育学校、特別支援学校の小学部、中学部、高等部を含む）への設置を義務づけている（3条）。すなわち、大学図書館と同様、基本的に、すべての小中高校に図書館が設けられる[16]。

文部科学省が隔年で実施している「学校図書館の現状に関する調査」の平成28年度版によれば、全国の小中高校等37,979校のうち26,022校で司書教諭を発令[17]しており、かつ、21,370校で学校司書を配置している（本書第5章）。公立の小中高校の1校当たり蔵書冊数の平均はそれぞれ8,920冊、10,784冊、23,794冊である（本書第6章）[18]。

『日本の図書館』によれば、公共図書館は前述のとおり日本全国に3,280館存在する。都市部に比べて町村は図書館の設置率が低いという問題もあるが、平

16：ただし、特別支援学校において学校図書館が未設置の場合が少なからずある実態を明らかにした報告が複数ある。下記の2014年の文献では設置率が87.6％（すなわち未設置率が12.4％）、2008年の文献では設置率が89.1％（すなわち未設置率が10.9％）であった。「学校図書館の未設置は、法令違反の状態であり、全校種で100％になるよう、早急な対応が必要である」と調査者は指摘している（下記2014年の文献）。
野口武悟「特別支援学校における学校図書館の現状（1）：施設と経営体制を中心に」『学校図書館』2014年, no. 765, p. 45-49.
野口武悟「特別支援学校における学校図書館のいま（1）：施設・設備と運営体制の現状と課題を中心に」『学校図書館』2008年, no. 697, p. 73-76.
17：本書には、以下、「司書教諭の発令」のような表現が頻出する。それらにおいて、発令とは、辞令（役職を任命する書類）を出すことである。
18：文部科学省. "平成28年度「学校図書館の現状に関する調査」の結果について". http://www.mext.go.jp/a_menu/shotou/dokusho/link/1378073.htm, (参照 2017-09-07).

ある学校図書館の全景(1)

ある学校図書館の全景(2)

均で考えれば，人口約39,000人に1館の割合である。全3,280館の蔵書冊数は4億3千万冊を超える。人口1人当たり3.4冊ほどの蔵書である[19]。

一方，わが国の小中高校等には1,356万3,392人の児童生徒が在籍しており[20]，前述のとおり，基本的に，すべての小中高校等37,979校に図書館が設けられる。そのため，児童生徒約350人に1館の割合で学校図書館が存在する計算になる。公立学校の蔵書冊数は児童生徒1人当たり約30冊であり，公共図書館の蔵書を人口1人当たりで見た場合よりも多い[21]。

読書量も児童生徒は大人より多い。毎日新聞社の「第70回読書世論調査」(2016年)によると，大人が1か月に読む単行本，文庫，新書の平均冊数は，年代によって異なるが，1.0〜1.4冊である。一方，「学校読書調査」の2016年実施分によると，小中高校生の1か月間の平均読書冊数（5月1か月間に読んだ書籍。教科書，漫画，雑誌などを除く）は，小学生（4〜6年生）11.4冊，中学生4.2冊，高校生1.4冊である（本書第8章3も参照）[22]。

公共図書館は，市民にとって身近な施設である（控えめに言っても，身近な施設たりうる）。「図書」や「読書」の意味や意義が児童生徒と大人で異なるかもしれず—もっと言えば，本章第1節の定義を覆すようで恐縮だが，「図書館」の意味や意義も児童生徒と大人で異なるかもしれず—，両者は単純に比較できない面も大きいだろうが，上の数字を見ると，公共図書館が市民にとって身近である以上に，学校図書館は児童生徒にとって身近なものである（控えめに言っても，身近なものたりうる）ように思われる。

19：日本図書館協会図書館調査事業委員会編『日本の図書館：統計と名簿』日本図書館協会，2017年，p. 24.
20：文部科学省．"学校基本調査—平成28年度結果の概要—". http://www.mext.go.jp/b_menu/toukei/chousa01/kihon/kekka/k_detail/1375036.htm，(参照 2017-09-07). 上記調査と「学校図書館の現状に関する調査」とで学校数が少し異なる。調査に回答した学校数が異なるためであろう。そのため，本文の計算は概数である。
21：本章脚注18の平成28年度「学校図書館の現状に関する調査」と脚注20の学校基本調査から算出した。
22：毎日新聞社編『読書世論調査』毎日新聞社，2017年，p. 23, 76.

第2章 学校図書館の理念と教育的意義

　学校図書館について学校図書館法は，小学校，中学校，高等学校（義務教育学校，中等教育学校，特別支援学校の小学部，中学部，高等部を含む）において，図書館資料を収集，整理，保存し，児童生徒および教員の利用に供することによって，学校の教育課程の展開に寄与するとともに，児童生徒の健全な教養を育成することを目的として設けられる学校の設備である旨を定めている（2条）。

　学校図書館について本書で学んでいくにあたり，学校図書館の理念を本章でまず押さえておきたい。学校図書館の振興を図るべく，全国組織や国際組織が活動しているが，学校図書館の理念にかかわる部分を見てみよう。その後，学校図書館の教育的意義について考えよう。

1．学校図書館の理念

（1）米国の学校図書館基準

　日本の先を行くとして，米国の図書館界の動向はよく注目される。両国は，慣習も教育システムも同じではないので，なんでも米国の真似をすれば良いわけではないだろうが，学校図書館の理念を学ぶうえで，同国の動向はやはり外せない。

　世界最大の図書館協会であるアメリカ図書館協会（American Library Association：ALA）の構成団体にアメリカスクールライブラリアン協会（American Association of School Librarians：AASL）があり，学校図書館のための米国の全国的な職能団体として多岐にわたる活動をしている。例えば，学校司

書や学校図書館の価値を校長や教師に理解してもらうためのツールキット（この場合は資料集やリンク集のようなもの）や，学校図書館のプログラムを広報するためのツールキット（この場合はガイドブック兼資料集，リンク集のようなもの）をAASLが公開した旨を，国立国会図書館が運営するカレントアウェアネス・ポータルというウェブサイト（図書館に関する最新のニュースが載るので，興味がある読者はフォローするとよいだろう）が報じたことがある[1]。

AASLの取り組みのひとつに学校図書館基準の策定がある。最初の基準は1920年のものであり，その後，繰り返し改訂されている。比較的最近の，邦訳のあるものは次のとおりである。以下にも見て取れるように，1988年以降，基準（standard）ではなく，ガイドライン（guideline）と呼ばれている。なおAASLは，新しい基準やガイドラインの発表を2017年秋に予定しているが，それによって現行のものが消え去ってしまうことはない，としている[2]。

① *Information Power: Guidelines for School Library Media Programs*
（1988年．邦訳：『インフォメーション・パワー：学校図書館メディア・プログ

1： 国立国会図書館．"米国学校図書館員協会、校長・教師に学校司書・学校図書館の価値を理解してもらうためのツールキットを公開". カレントアウェアネス・ポータル. http://current.ndl.go.jp/node/31379 ,（参照 2017-09-07）.
国立国会図書館．"米国学校図書館員協会（AASL）、学校図書館のプログラムを広報するためのツールキットを公開". カレントアウェアネス・ポータル. http://current.ndl.go.jp/node/29350 ,（参照 2017-09-07）.
2： American Association of School Librarians. "Learning Standards & Program Guidelines". http://www.ala.org/aasl/standards ,（accessed 2017-09-07）.
補記：本書の執筆時期よりも新しい話題であり，そのため詳しい解説はできなかったが，本書の校正・印刷時の最新情勢として以下を補記しておく。2017年11月，AASLは，新しい学校図書館基準 *National School Library Standards for Learners, School Librarians, and School Libraries* を刊行した。従来複数あったガイドラインを統合・改訂し，1冊のテキストとしたものとなっている。
ALA Store. "National School Library Standards for Learners, School Librarians, and School Libraries (AASL Standards)". https://www.alastore.ala.org/content/national-school-library-standards-learners-school-librarians-and-school-libraries-aasl ,（参照 2017-12-13）.
国立国会図書館．"米国学校図書館員協会、新しい『学校図書館基準』を刊行". カレントアウェアネス・ポータル. http://current.ndl.go.jp/node/34991 ,（参照 2017-12-13）.

ラムのガイドライン』．詳しい書誌事項は本書巻末の参考文献参照．以下同様）

② *Information Power: Building Partnerships for Learning*（1998年．邦訳：『インフォメーション・パワー：学習のためのパートナーシップの構築』）

③ *A Planning Guide for Information Power: Building Partnerships for Learning with School Library Media Program Assessment Rubric for the 21st Century*（1999年．邦訳：『インフォメーション・パワー2 学習のためのパートナーシップの構築：計画立案ガイド』）

④ *Standards for the 21st-Century Learner in Action*（2009年．邦訳：『21世紀を生きる学習者のための活動基準』）

⑤ *Empowering Learners: Guidelines for School Library Media Programs*（2009年．邦訳：『学校図書館メディアプログラムのためのガイドライン』）

②では，次のような理念（philosophy）を述べている（下線部筆者）[3]。

- 自己実現でき，<u>経済的にも豊かになれるように</u>，児童生徒は各種の情報源やさまざまな形態の情報の有能な使い手・創り手とならなければならない。
- 新しい教育状況の中心にあるのは「学習コミュニティ」という考え方である。この考え方が示唆するのは，常に変化している情報ニーズを理解し，満たすということを<u>生涯行っていく</u>なかで，地元，地方，州，全米，国際レベルのコミュニティと同様，児童生徒，教師，管理職，親の全員が関係しあっている，ということである。
- 児童生徒がこのような学習コミュニティで活躍するための支援をするのが，児童生徒中心の図書館メディアプログラムの最大の関心事である。その目標は，課題を解決したり，自分たちの好奇心を満たしたりするために，積極的でクリエイティブな<u>情報の探索者，評価者，利用者</u>に児童生徒全員がなるよう支援することである。これらの能力を持つことで，

3：② p. 1-3から抜粋。訳文は②の邦訳 p. 4-5を参照しつつ，筆者自身が作成した。

児童生徒は自己充実感を持ち，学習コミュニティや社会全体に責任を持って生産的に貢献する，自立した，倫理観のある<u>生涯学習者</u>となることができる。

　以上はどれも注目に値するが（興味を持った読者は上記の原文や邦訳に当たってみてほしい），ここでは特に下線部を指摘しておきたい。精神的なものだけでなく，経済的な豊かさも忘れていない。また，情報を探し，探したものを評価し，活用する能力（情報リテラシー。本章2.（1））や生涯学習（本章2.（2））に言及している。より新しい④もこれらについて述べている[4]。

　なお，図書館メディアプログラムという言葉が上に出てきた。米国では1960年代後半から，学校図書館（school library）よりも，幅広いメディアを扱うニュアンスの学校図書館メディアセンター（school library media center）という語が用いられるようになった。そこで働く専門職は学校図書館メディアスペシャリスト（school library media specialist：SLMS），その活動や機能の総称は学校図書館メディアプログラム（school library media program：SLMP）などと呼ばれる。ただし，現在，学校図書館やスクールライブラリアン（school librarian）という語も用いられる。学校図書館やそこで働く専門職などを表す用語が現在複数あるわけである。

　⑤では，学校図書館メディアプログラムの使命（mission）を次のとおり述べている[5]。

　　学校図書館メディアプログラムの使命は，児童生徒やスタッフがアイデアや情報を効果的に利用することを保障することである。学校図書館メディアスペシャリスト（SLMS）は，批判的思考ができる人，熱心な読者，能力の高い研究者，情報の倫理的な利用者になるよう，以下のことによって児童生徒を育成する。
　　・個人のニーズを満たす魅力的な学習体験をデザインし教えるために，教

4：④ p. 11（邦訳 p. 13）.
5：⑤ p. 8から抜粋。訳文は⑤の邦訳 p. 10を参照しつつ，筆者自身が作成した。

育者や児童生徒と協調する。
- 広範囲の適切なツール，資料，情報技術を活用し，情報やアイデアを使い評価しつくり出すことにおいて，児童生徒を指導し，教育者を支援する。
- 読書欲を伸ばし，高めるための最新で高品質の多様な文献を含む，すべての形態の資料へのアクセスを提供する。
- 現在の情報ニーズを反映し，かつテクノロジーや教育の変革を先取りした学習方法や資料を児童生徒，スタッフに提供する。
- 全体の教育プログラムにおいてリーダーシップを取り，地域，州，全米の教育目標を達成するために不可欠なものとして，強い学校図書館メディアプログラムを提唱する。

（2）IFLA／ユネスコの学校図書館宣言

　学校図書館に関連する国際的な組織には，国際図書館連盟（International Federation of Library Associations and Institutions：IFLA）と国際学校図書館協会（International Association of School Librarianship：IASL）がある。IFLAは，1927年に設立された，図書館・情報サービス機関およびその利用者の利益を代表する国際組織である。学校図書館については，学校図書館分科会（School Libraries Section）を設けている。IASLは，1971年に発足した団体で，学校図書館メディアプログラムの推進に関心を持つ人々に国際的な議論の場を提供すること，および，プログラムや学校図書館専門職の進展のための指導や助言を与えることを使命としている。

　IFLAはユネスコ（国際連合教育科学文化機関；United Nations Educational, Scientific and Cultural Organization：UNESCO）と共同で学校図書館宣言（School Library Manifesto）を1999年に発表した[6]。学校図書館は，情報や知識を基盤とする今日の社会で首尾よく役割を果たすのに必須の情報や考え方を提供し，児童

6：United Nations Educational, Scientific and Cultural Organization. "UNESCO/IFLA School Library Manifesto". http://www.unesco.org/webworld/libraries/manifestos/school_manifesto.html，(accessed 2017-09-07).

生徒の生涯学習の技能を養い，想像力を育み，彼ら／彼女らが信頼できる市民として生活できるようにするものである，としている。そのうえで，学校図書館の目標として以下を挙げ，これらは情報リテラシーを養うことに不可欠であるなどとしている。

- 学校の使命とカリキュラムに描かれた教育目標を支援・増進する。
- 子どもたちの読書の習慣と楽しみ，学習の習慣と楽しみ，そして生涯を通じての図書館利用を促進し，継続するようにする。
- 知識，理解力，想像力，楽しみを得るために情報を創り，活用する体験の機会を提供する。
- すべての児童生徒が，形態，形式，媒体にかかわらず，情報を評価し活用する技能を学ぶこと，および実践することを支援する。技能には，地域社会のコミュニケーションの様式への感受性も含まれる。
- 多様な考え方，経験，意見に学習者が触れられる，地元，地方，全国，全世界からの資料と機会へのアクセスを提供する。
- 文化的で社会的な関心や感受性を喚起する活動を計画する。
- 学校の使命を達成するために，児童生徒，教師，管理職，および親と協力する。
- 知的自由および情報へのアクセスが，有能で信頼できる市民であることや，民主主義に参加することに不可欠であると宣言する。
- 学校内全体および学校外で，読書，ならびに学校図書館の資料やサービスを増進する。

　IFLAとユネスコはさらに，宣言の内容を実行するための指針を定めた『学校図書館ガイドライン』を発表している（2002年初版，2015年第2版）[7]。

（3）全国学校図書館協議会の学校図書館憲章

　全国学校図書館協議会（Japan School Library Association：全国SLA）は，学校図書館の充実発展と青少年の読書振興に取り組む全国組織である。1950（昭和

25）年に全国の有志教員によって結成され，1998（平成10）年に社団法人化し，2012年に公益社団法人へ移行した。

　創立40周年を記念し，これからの学校図書館のありかたの指針となる憲章を作成することが第40回総会で決議された。決議を受け，さまざまな検討を経て1991年に学校図書館憲章が採択された。同憲章について全国SLAは「これからの学校図書館を考えていくときの最も基本となる拠り所であり，学校図書館に携わる人々が共通して持つ理念となっているもの」と述べている[8]。

　学校図書館憲章は，「児童生徒が自ら課題を発見し，情報を探索し，発表し，討論して，創造的に知識を自己のものとするような学習を展開することが至上の命題となってきた。この学習は，とりも直さず生涯にわたる自己教育の方法を会得させ，自学能力を高める教育を推進することにほかならない」などとしたうえで，「理念」として次の5点を掲げている。

- 学校図書館は，資料の収集・整理・保存・提供などの活動を通し，学校教育の充実と発展および文化の継承と創造に努める。
- 学校図書館は，児童生徒に読書と図書館利用をすすめ，生涯にわたる自学能力を育成する。
- 学校図書館は，資料の収集や提供を主体的に行い，児童生徒の学ぶ権利・知る権利を保障する。
- 学校図書館は，他の図書館，文化施設等とネットワークを構成し，総合的な図書館奉仕を行う。
- 学校図書館は，児童生徒・教職員に対する図書館の奉仕活動・援助活動

7：International Federation of Library Associations and Institutions. "The IFLA/UNESCO School Library Guidelines". https://archive.ifla.org/VII/s11/pubs/sguide02.pdf ,（accessed 2017-09-07）.
IFLA School Libraries Section Standing Committee. "IFLA School Library Guidelines". International Federation of Library Associations and Institutions. https://www.ifla.org/files/assets/school-libraries-resource-centers/publications/ifla-school-library-guidelines.pdf ,（accessed 2017-09-07）.
8：全国学校図書館協議会．"学校図書館憲章". http://www.j-sla.or.jp/material/sla/post-33.html ,（参照 2017-09-07）.

を通して，教育の改革に寄与する。

2．学校図書館の教育的意義

　手短に述べれば，学校図書館法2条（本書第3章1）が定めているとおり，学校の教育課程の展開に寄与すること，および児童生徒の健全な教養を育成することが学校図書館の目的であり教育的意義である。上で見た理念とも整合する。

　本節ではさらに，キーワードとして「情報リテラシー」と「生涯学習」を挙げたい。これらは，上で見た理念の，次の表現に見て取れる。

- 「情報の探索者，評価者，利用者」，「生涯学習者」など（米国の学校図書館基準）
- 「生涯を通じての図書館利用」，「すべての児童生徒が［中略］情報を評価し活用する技能を学ぶこと，および実践すること」など（IFLA／ユネスコの学校図書館宣言）
- 「児童生徒が自ら課題を発見し，情報を探索し，発表し，討論して，創造的に知識を自己のものとするような学習」，「生涯にわたる自己教育」など（全国SLAの学校図書館憲章）

（1）情報リテラシー育成

　情報リテラシー（情報活用能力とも）[9]は，さまざまな情報のなかから必要なものを選び出し，読み解き，問題の解決や新たな情報の創造・発信をする能力を中心とした概念である。日本ではさらに，コンピュータの操作能力や情報モラルにも力点が置かれている。

　小中学校で2002（平成14）年度（高等学校は2003年度）から施行された学習指

9：情報リテラシーについてさらに詳しくは，次の文献を参照してほしい。
　後藤敏行「学校図書館と情報リテラシー」『家政経済学論叢』2009年，no. 45, p. 31-44. http://hdl.handle.net/2241/103427，(参照 2017-09-07).

導要領[10]のもと，みずから課題を発見し，主体的に判断し，問題を解決する能力を育てることをねらいとして「総合的な学習の時間」が始まった。各教科の指導においても問題解決的な学習を重視すべきとされるようになった。さらに，上記学習指導要領において，中学校技術・家庭科で情報に関する基礎的な内容を設け，かつ，高等学校で教科「情報」を新設し，いずれも必修とした。つまり近年，情報リテラシーの重要性が増している。

学校図書館は，各教科や総合的な学習の時間などにおいて，問題解決的な学習や調べ学習などで活用され，児童生徒の情報リテラシー育成に寄与しうる。その際，以下のような工夫が考えられる。

- 児童生徒の発達段階に合わせながら，学校図書館の基本的な利用方法を学ばせる。図書館の利用法を知っていること自体が情報リテラシーの育成に役立つし，生涯学習にもつながる（下記（2））。
- 児童生徒の情報収集の拠点となる。その際，校内にとどまらず，公共図書館などと協力し，できるだけ多くの情報源を提供する（本書第9章）。
- 児童生徒の関心に基づいたテーマ設定ができるよう，地域資料や教科に関連した資料を準備する。さらに，読み聞かせやブックトークなど（本書第8章4）によってそれらに興味を持たせる。
- パスファインダー（自分の求める資料を探し当てるために，どのような手順で，どのように探していけばよいかが体系的にまとめられているツール）[11]を活用する。学校図書館で作成したパスファインダーを授業に導入し，児童生徒の情報探索に役立てる。また，例えば各自の進路希望に応じたトピックのパスファインダーを生徒自身に作成させ，それを通じて情報の探し方を学ばせてもよい。
- 学校図書館が所蔵する，新聞やインターネット情報などを含めた多様な

10：現在はさらに新しい学習指導要領が実施されている（本書第3章5）。
11：パスファインダーは資料を集める際の道しるべとも言える。関連資料や情報を必ずしも網羅的に記載するのではなく，資料の探し方を記載する点で文献リストとは異なる。また，広いテーマについて一般的な情報探索法を紹介するのではなく，具体的な，小さなトピックに絞って作成される。印刷体で作成されることも，ウェブ上で構築されることもある。

メディアに対する批判的な思考力を育成する。
- 校外でのインタビューや取材の準備，終了後の編集などにおいて，メディアセンター（本章1．（1）の，学校図書館メディアセンターに関する記述も参照）としての機能を発揮する。
- 書名や出版社名などの出典を明示できるよう図書の標題紙や奥付の意味を教える，インターネット上の情報を引用する際も出典を明記するよう指導するなど，情報モラルの育成を図る。

情報リテラシー育成を念頭に，各教科や調べ学習などに役立ちそうな資料を学校図書館スタッフはあらかじめ収集する。そのうえで，上記の一連の活動について，学級担任や教科担任と必要に応じて連携しながら児童生徒を指導する。学校図書館法2条の「学校の教育課程の展開に寄与する」には，児童生徒を直接指導するだけでなく，学校図書館スタッフが教員を支援したり，互いに連携することによって寄与する，という視点も含まれるわけである。

指導の程度は，児童生徒の発達段階も考慮するべきである。「情報・メディアを活用する学び方の指導体系表」（全国SLA，2004年）は，タイトルのとおり「学び方」の指導を児童生徒の発達段階別に一覧にしており，情報リテラシーの育成に際しても参考にできる[12]。

（2）生涯学習への寄与

生涯学習（lifelong learning）とは，人が生涯にわたり意図的，主体的に学習活動を続けていくことを意味する概念である。形態や場面は多岐にわたる。例えば中央教育審議会答申『生涯学習の基盤整備について（答申）』（1990年）[13]は，学校や社会のなかでの組織的な学習活動のほか，スポーツ活動，文化活動，趣味，レクリエーション活動，ボランティア活動のなかでも生涯学習は行

12：全国学校図書館協議会．"情報・メディアを活用する学び方の指導体系表"．http://www.j-sla.or.jp/pdfs/material/taikeihyou.pdf，(参照 2017-09-07)．
13：文部科学省．"生涯学習の基盤整備について"．http://www.mext.go.jp/b_menu/hakusho/nc/t19900130001/t19900130001.html，(参照 2017-09-07)．

われるとしている。

　生涯学習は，変化の激しい現代社会では学校教育で得た知識・技術が急速に陳腐化することや，家電の普及による家事時間の短縮や長寿化のために余暇時間が増大したことを背景に，注目を集めてきた。類語に生涯教育（lifelong education）もある。

　今日の生涯学習・生涯教育に関する議論の始まりはユネスコのポール・ラングラン（Paul Lengrand）である。1965年，彼は *L'éducation permanente*（恒久教育）と題する報告書を発表して，人の一生を通じて教育，学習の機会を提供することの必要を訴えた。'éducation permanente' を英訳したものが 'lifelong education'（生涯教育）で，ユネスコ加盟諸国では，生涯教育論に基づく教育改革論議が盛んになった。

　日本でも，1970年頃から制度改革レベルで議論が始まった。1988（昭和63）年，文部省（当時）はそれまでの社会教育局を生涯学習局（現・生涯学習政策局）と改め，筆頭局に位置づけた。さらに1990年には，生涯学習に関する初めての法律である，生涯学習の振興のための施策の推進体制等の整備に関する法律（通称：生涯学習振興法）が制定され，生涯学習の機会の整備を後押ししている。

　ところで，学校図書館のほかにも，図書館にはさまざまな館種がある（本書第1章2）。一般に，生涯学習と最も関連が大きいのは公共図書館だろう。また，大学図書館には，学生や教職員だけでなく，学外者にもサービスの一部を提供しているものが多い。国立国会図書館も一般の者が利用可能である。図書館は，生涯学習の役に立つ施設である。

　生涯学習に対する学校図書館の第一の役割は，公共図書館や大学図書館などを将来にわたって使いこなせるよう，図書館に関する児童生徒の基礎的な能力を養うことであろう。学校図書館の利用法の指導（本書第8章2）において，生涯学習に図書館が有用であることを示しつつ，図書館資料の探し方や図書館サービスの内容を理解させる必要がある。また，児童生徒が卒業後も図書館を利用し続けるには，図書館というものに好意を抱く原体験を学校図書館から得ることが重要である。そのためにも，学校図書館の資料，スタッフ，設備の充実が欠かせないと言える。

第3章 学校図書館に関する法律，教育行政

　本章では，まず，学校図書館に関連する法律を取り上げる。各法律はインターネット上で閲覧できるので，必要に応じて参照してほしい。次に，学校図書館に関する教育行政の代表例として，学校図書館図書整備等5か年計画や学習指導要領について解説する。

　本章で取り上げる法律や政策のなかには，近年，学校図書館への追い風になる動きが目立つ。そのこともあり，本章の内容をしっかり押さえてほしい。

1．学校図書館法

　理科室法や音楽室法というものはないが，学校図書館には学校図書館法という法律がある。本節では，本法および関連事項を解説することで，学校図書館に対する読者の理解につなげたい。

　全国SLAの署名運動などの結果，学校図書館法が1953（昭和28）年に制定された。1条は，「学校図書館が，学校教育において欠くことのできない基礎的な設備」であり，「その健全な発達を図り，もつて学校教育を充実すること」が本法の目的であると規定している。

　2条は，学校図書館を定義している。小学校，中学校，高等学校（義務教育学校，中等教育学校，特別支援学校の小学部，中学部，高等部を含む）において，図書館資料（図書，視覚聴覚教育の資料，その他学校教育に必要な資料）を収集，整理，保存し，児童生徒および教員の利用に供することによって，学校の教育課程の展開に寄与するとともに，児童生徒の健全な教養を育成することを目的として設けられる学校の設備が学校図書館である旨を定めている。

　児童生徒だけでなく教員が利用する設備でもあることや，学校教育の展開に

授業で図書館を活用し，ブレインストーミングをしている風景

美術の授業と連動した，図書館を活用した絵本制作・展示

寄与する、児童生徒の健全な教養を育成するという2つの目的があることが注目される。ただし目的が2つあると言っても、「両者は根本において離れるものでなく、図書館資料の上からも一線を引きえないものが多い[1]」という指摘に留意しておきたい。

　3条は設置義務の規定であり、学校には学校図書館を設けなければならないと定めている。

　ちなみに、学校教育法施行規則[2]1条1項に「学校には、その学校の目的を実現するために必要な校地、校舎、校具、運動場、<u>図書館又は図書室</u>、保健室その他の設備を設けなければならない」（下線部筆者）とある。文部科学省令である小学校設置基準や中学校設置基準、高等学校設置基準には「図書室」という言葉があり、「図書館」は出てこない。これらの「図書館又は図書室」や「図書室」は、いずれも学校図書館のことを指す（＝学校図書館法2条が挙げる小学校、中学校、高等学校などでは、名称は図書館でも図書室でもよいが、同法が定める学校図書館として機能する設備を設けなければならない）と解釈されている。

　4条は学校図書館の運営について定めている。1項では、学校が、図書館資料の収集、分類、目録[3]整備や読書会などを行うこと、学校図書館の利用に関する指導を児童生徒に行うこと（つまり図書館法などとは異なり、利用者である児童生徒に対して図書館資料の利用などに関する指導を行うこと）、他の学校図書館、図書館、博物館、公民館などと連携協力することを規定している。さらに2項では「学校図書館は、その目的を達成するのに支障のない限度において、一般公衆に利用させることができる」とし、学校図書館の地域開放への道をひらい

1：新井恒易「学校図書館法の解説」『新しく制定された重要教育法の解説』東洋館出版，1953年，p. 15.
2：施行規則とは、法律や政令の委任に基づく事項や法律を施行するために必要な細目的事項を定めた命令のことである。通常、省令にあたる命令の場合に用いる（法令用語研究会編『有斐閣法律用語辞典』第4版，有斐閣，2012年，p.482）。一方、施行令というものもある。施行令とは、法律の施行に必要な細則やその委任に基づく事項を定めた政令のことである（法令用語研究会編『有斐閣法律用語辞典』第4版，有斐閣，2012年，p. 482）。なお、一般に、国会が制定する法規範を法律と呼び、国の行政機関が制定する法規範を命令と呼ぶ。それらを合わせて呼ぶ場合は法令と言う。
3：分類、目録については本書第6章3を参照。

ている。

　実際，地域開放には先駆的な事例が複数ある（札幌市，東京都練馬区，神戸市など）。『子ども達の未来を拓く学校施設』（1999年）[4]など，推進すべきとする立場もある。一方，地域住民へのサービスはそもそも公共図書館の役割である，児童生徒や教員へのサービスに支障が出てはいけない，危機管理の問題がある，といった理由から，慎重な意見も多い。やや古いデータだが，全国的には，学校図書館を地域住民に開放している公立学校の割合は小学校で13.1％，中学校で6.4％，高等学校で8.7％にとどまっている[5]。

　5条は司書教諭についての規定である。「学校には，学校図書館の専門的職務を掌らせるため，司書教諭を置かなければならない」（1項）としている。「学校図書館の専門的職務を掌らせるため」と規定しているので，各学校には，ただ配置するだけでなく（例えば司書教諭資格者が学校にいるにはいるが，学校図書館とは別の業務を担当している，というのではなく），学校図書館の専門的職務を担当させるために司書教諭を置かなくてはならない。

　本法の制定当初は「当分の間」司書教諭の配置を猶予できる規定があった。「当分の間」とは10年の予定だったが[6]，実際は法制定から40年以上たった，1997（平成9）年にその規定が改正された。その改正で，司書教諭を2003年度から必置とすることとした。

　ただし，学校図書館に専任でなければならないとまでは規定しておらず，学級担任や教科担任などの他の職務との兼任でも構わない。実際は兼任のケースが大半であるが，担当授業時間数を軽減したり，専任としている例もある。

　また，1997年の改正以降も附則[7]で，政令で定める規模以下の学校では，当分の間，司書教諭を置かないことができると規定している。「政令で定める規模以下」を，「学校図書館法附則第二項の学校の規模を定める政令」が，学級

4：文部科学省."学校週5日制時代の公立学校施設に関する調査研究協力者会議報告（子ども達の未来を拓く学校施設―地域の風がいきかう学校―）". http://www.mext.go.jp/b_menu/shingi/chousa/shotou/016/toushin/990701.htm，(参照 2017-09-07).

5：文部科学省."平成22年度「学校図書館の現状に関する調査」の結果について". http://www.mext.go.jp/b_menu/houdou/23/06/1306743.htm，(参照 2017-09-07).

6：文部省広報課「第十六国会成立法案を見る」『文部広報』1953年，no. 60, p. 2.

数が11以下であるとしている。司書教諭資格者の確保が困難な小規模校に配慮した措置と思われるが,今後,少子化とともに小規模校が増える地域も出てくるだろう。その際,11学級以下という現行の基準のままでよいか,検討が必要になろう。文部省初等中等教育局長「学校図書館法の一部を改正する法律等の施行について(通知)」(1997年)[8]や,以下で見る2014年の本法改正の際の附帯決議では,11学級以下の学校でも司書教諭を設置するよう努めることが望まれる,としている。

司書教諭になるためには,文部科学大臣の委嘱を受けて大学などが行う司書教諭講習(5科目10単位)を修了するか,あるいは,司書教諭講習科目に相当する科目の単位を大学で修得しなければならない。また,「司書教諭は,主幹教諭(養護又は栄養の指導及び管理をつかさどる主幹教諭を除く。),指導教諭又は教諭[中略]をもつて充てる」(5条2項)とあるため,これに該当する教諭の免許状を有する必要もある。本法において「学校図書館」とは,小学校,中学校,高等学校(義務教育学校,中等教育学校,特別支援学校の小学部,中学部,高等部を含む)に設けられるものを指すから,幼稚園教諭の免許状は含まない。

司書教諭について定めた5条と並んで特筆せねばならないのが,2014年の本法改正(学校司書の法制化)である。

学校への司書教諭の配置が義務でなかったころから,学校図書館の仕事を担当する事務職員が置かれる場合があり,その職員を学校司書と呼ぶようになった(文部科学省の文書などでは,学校図書館担当職員などとも呼ばれてきた)。

従来,学校司書についての規定が学校図書館法になく,全国SLAは,正規雇用で専任[9]の学校司書の法制化を政府に求めていた。

7:附則とは,法令において,本則に付随して法令の付随的事項を定めることを目的として置かれ,通常,施行期日,経過措置,関係法令の改廃などについて定めるものである(法令用語研究会編『有斐閣法律用語辞典』第4版,有斐閣,2012年,p. 992)。なお,本則とは,法令において,その立法目的である事項についての実質的規定を定める本体の部分である(同 p. 1080)。

8:文部省初等中等教育局長. "学校図書館法の一部を改正する法律等の施行について(通知)". 文部科学省. http://www.mext.go.jp/a_menu/sports/dokusyo/hourei/cont_001/012.htm,(参照 2017-09-07).

2014年6月，学校図書館法の一部を改正する法律が成立し，学校司書が初めて法律上に位置づけられた（施行は2015年4月）。改正学校図書館法では，改正前の6条，7条がそれぞれ7条，8条となり，新たに6条が設けられ，「学校には，［中略］学校図書館の運営の改善及び向上を図り，児童又は生徒及び教員による学校図書館の利用の一層の促進に資するため，専ら学校図書館の職務に従事する職員（次項において「学校司書」という。）を置くよう努めなければならない」（1項），「国及び地方公共団体は，学校司書の資質の向上を図るため，研修の実施その他の必要な措置を講ずるよう努めなければならない」（2項）といった規定が加わった。また，学校司書の資格や養成のあり方を国が検討し，必要な措置を講ずることも附則で定めている。学校司書を「置くよう努めなければならない」という規定であり，各学校に必置とまではなっていないが（さらに言えば，正規雇用で専任であることが保証されたわけでもなく，後述のとおり（本書第5章1.（4）），常勤よりも非常勤の学校司書が多いのが現状であるが），大きな進展であると言えよう。

　学校司書の資格・養成などのあり方について一定の指針を得るために，2015年6月に設置された「学校図書館の整備充実に関する調査研究協力者会議」は，『これからの学校図書館の整備充実について（報告）』（2016年10月．以下本節では『報告2016』）のなかで，「学校司書が学校図書館で職務を遂行するにあたって，履修していることが望ましいもの[10]」として，学校司書のモデルカリキュラムを示した。

　モデルカリキュラムは学校図書館の運営・管理・サービスに関する科目，児童生徒に対する教育支援に関する科目，計10科目20単位からなり，大学や短期大学で開講される。あくまで「モデル」カリキュラムであるので，大学や短期大学は，必要に応じてこのモデルカリキュラム以外の科目を開講し，学生に履修を求めることも可能としている[11]。

9：現状，すべての学校司書が一校に専任で勤務しているわけではなく，例えば曜日別に複数の学校を兼任する例がある（本書第5章1.（4））。
10：『報告2016』p. 17.
11：『報告2016』p. 18.

現状，地方公共団体が学校司書を採用する際，司書資格や司書教諭資格を有することを採用の条件にしていたり，あるいはいずれの資格も求めていなかったりと，状況はまちまちである。上記報告書は，今後，「地方公共団体等に対して，モデルカリキュラムを周知し，モデルカリキュラムの履修者である学校司書の配置を促進することが適切[12]」としている。

今後，モデルカリキュラムの科目を開講する大学が徐々に増えることが予想される。序文に書いたとおり，本書は，司書教諭講習科目「学校経営と学校図書館」や，学校司書のモデルカリキュラムの科目「学校図書館概論」の教科書となることを意図している。

なお，衆議院で6項目，参議院で7項目にわたる附帯決議がなされた。共通する要素を抽出すれば，おおむね次のとおりである。

- 政府および地方公共団体は，現在の学校司書の配置水準を下げないこと。
- 政府は，学校司書の配置の促進のために現在講じられている措置の充実に努めるとともに，地方公共団体に対し，その趣旨を周知すること。
- 政府および地方公共団体は，学校司書が継続的・安定的に職務に従事できる環境の整備に努めること。
- 政府は，学校司書の職のあり方や，配置の促進や資質の向上のために必要な措置などについて，検討を行うこと。
- 政府および地方公共団体は，11学級以下の学校における司書教諭の配置の促進を図ること。
- 政府は，司書教諭および学校司書の職務のあり方について，実態を踏まえ検討を行うこと。

7条，8条はそれぞれ，学校図書館の整備充実のための学校の設置者の任務（7条），国の任務（8条）を定めている。実際，文部科学省は，公立の小中学

12：『報告2016』p. 17.

校等の学校図書館の蔵書冊数の目標値として「学校図書館図書標準」を定め，「学校図書館図書整備等5か年計画」（本章4）[13]などの地方財政措置を行っている。

▶学習情報センター，読書センターとしての学校図書館

学校図書館法は上で見たとおり学校図書館の目的を規定している（2条）。今日，学習情報センターや読書センターとしての役割が学校図書館に求められることが多い。主に，前者は「教育課程の展開に寄与する」側面から，後者は読書によって「児童又は生徒の健全な教養を育成する」側面から，学校図書館の機能を表現したものである。

学習情報センターとは，文献によってさまざまな文脈で用いられているがおおむね，学校図書館の次のようなあり方を意味する。

- 児童生徒の自発的，主体的な学習を，多様な資料および司書教諭や学校司書などのスタッフが支える学校図書館
- 各教科等の学力向上に役立ち，かつ，情報リテラシー（本書第2章2.（1））の育成にも寄与する学校図書館

一方，読書センターとして機能するということは，児童生徒の自主的な読書や，学習指導に関連する読書を支え，読書への関心を高める活動を行う，ということである。読書指導は，国語科が中心となったり，学校全体として取り組む場合も多い（本書第8章3）。同時に，「学校図書館が中心となり，学校における読書活動を多様に展開する[14]」との提言が文部科学省の会議でなされるなど，近年，読書センター機能の一層の拡大をめざす意見も見られる。

なお，教育活動に必要な各種の資料を収集もしくは製作し，整理，保存し

13：学校図書館図書整備等5か年計画は，子どもの読書活動の推進に関する法律（本章2）や文字・活字文化振興法（本章3）も背景にある。

14：子どもの読書サポーターズ会議『これからの学校図書館の活用の在り方等について（報告）』2009年，p. 14. http://www.mext.go.jp/a_menu/shotou/dokusho/meeting/__icsFiles/afieldfile/2009/05/08/1236373_1.pdf，(参照 2017-09-07).

て，教員の利用に供することも学校図書館には求められる。この機能を教材センターと表現することがある（または，この機能も含めて上記の学習情報センターという表現が用いられる場合がある）。

2．子どもの読書活動の推進に関する法律

　子どもの読書活動の推進に関する法律（通称：子どもの読書活動推進法，子どもの読書推進法）は，2001（平成13）年に制定された。基本理念を２条で次のとおり述べている。

　　子ども（おおむね十八歳以下の者をいう。以下同じ。）の読書活動は，子どもが，言葉を学び，感性を磨き，表現力を高め，創造力を豊かなものにし，人生をより深く生きる力を身に付けていく上で欠くことのできないものであることにかんがみ，すべての子どもがあらゆる機会とあらゆる場所において自主的に読書活動を行うことができるよう，積極的にそのための環境の整備が推進されなければならない。

３条から６条で，基本理念を実現するための国や地方公共団体の責務，事業者の努力，保護者の役割を以下のように規定している。

- 国の責務（３条）：基本理念にのっとり，子どもの読書活動の推進に関する施策を総合的に策定・実施する。
- 地方公共団体の責務（４条）：基本理念にのっとり，国との連携を図りつつ，地域の実情を踏まえ，子どもの読書活動の推進に関する施策を策定・実施する。
- 事業者の努力（５条）：基本理念にのっとり，子どもの読書活動が推進されるよう，子どもの健やかな成長に資する書籍等の提供に努める。事業者とは，法制定にかかわった議員（当時）によれば，出版事業者，書店経営者，流通事業者などを指す[15]。

- 保護者の役割（6条）：子どもの読書活動の機会の充実および読書活動の習慣化に積極的な役割を果たす。

　また，7条で「国及び地方公共団体は，子どもの読書活動の推進に関する施策が円滑に実施されるよう，学校，図書館その他の関係機関及び民間団体との連携の強化その他必要な体制の整備に努めるものとする」として，国・地方公共団体と関係機関などとの連携強化についても定めている。

　さらに，政府は，子どもの読書活動の推進に関する施策の総合的かつ計画的な推進を図るため，「子どもの読書活動の推進に関する基本的な計画」を策定しなければならない（8条1項）。本条に基づき，内閣は，子どもの読書活動の推進に関する基本的な計画を2002年（第一次），2008年（第二次），2013年（第三次）に，それぞれ閣議決定した。

　都道府県・市町村は，「子どもの読書活動の推進に関する基本的な計画」を基本とするとともに，都道府県における子どもの読書活動の推進に関する施策についての計画（「都道府県子ども読書活動推進計画」），市町村における子どもの読書活動の推進に関する施策についての計画（「市町村子ども読書活動推進計画」）をそれぞれ策定するよう努めなければならない（9条1項，同2項）。

　「都道府県及び市町村における子ども読書活動推進計画の策定状況調査」（2017年3月時点）が以下の点を明らかにしている[16]。

- 都道府県子ども読書活動推進計画は，2006年度末までに，すべての都道府県において策定された。その後，第二次計画もすべての都道府県で策定された（策定予定を含む）。2016年度末時点では，多くの都道府県で，第三次計画を策定または予定している。
- 市町村子ども読書活動推進計画の策定率は75.3％に達している。調査開

15：肥田美代子「21世紀を拓く子どもの読書活動推進法：本を読む国・日本へ」『学校図書館』2002年，no. 618, p.18-20.
16：文部科学省．"関連データ・資料等"．子ども読書の情報館．http://www.kodomodokusyo.go.jp/happyou/datas.html，（参照 2017-09-07）．

始から一貫して増加している。

　10条は,「国民の間に広く子どもの読書活動についての関心と理解を深めるとともに,子どもが積極的に読書活動を行う意欲を高めるため,子ども読書の日を設ける」(同条1項)とし,それを4月23日としている(同2項)。さらに,国および地方公共団体は,子ども読書の日の趣旨にふさわしい事業を実施するよう努めなければならない,と規定している(同3項)。

　ちなみに同日は,世界図書・著作権デー(ユネスコが制定した,読書,出版,著作権保護の促進に関する国際デー)や,サン・ジョルディの日(スペインの伝統的な本の日。本や花を贈る記念日)でもある。また,公益社団法人読書推進運動協議会が主催する,こどもの読書週間(4月23日〜5月12日の約3週間)の初日にあたる。子ども読書の日に合わせて読書フェスティバルを行っている例もある[17]。子ども読書の日に関する各地域の取り組みについては,文部科学省のウェブページが参考になる[18]。

　財政上の措置などについても11条で定めており,「国及び地方公共団体は,子どもの読書活動の推進に関する施策を実施するため必要な財政上の措置その他の措置を講ずるよう努めるものとする」としている。

　本法制定の背景には,子どもの読書習慣の未形成に対処しようとする機運があった。2000年を「子ども読書年」とする衆参両院の決議がなされ,同年,国際子ども図書館(本書第9章3)が開館した(全面開館は2002年)。一層の読書振興のため,超党派の「子どもの未来を考える議員連盟」によって本法が国会に提出された。

　本法に対しては,読書活動は私的で自主的な営みであるべきであり,法律による規定にはなじまない,「子どもの健やかな成長に資する書籍等」(5条)という規定が一定の価値観を押しつけることにならないか,といった意見もあ

17：学校図書館問題研究会編『学校司書って、こんな仕事：学びと出会いをひろげる学校図書館』かもがわ出版, 2014年, p. 110.
18：文部科学省. "子ども読書の日（4月23日）取組予定状況一覧". 子ども読書の情報館. http://www.kodomodokusyo.go.jp/popup/torikumi.html, (参照 2017-09-07).

る。

　そのような批判や懸念に対して，本法は子どもに読書を強制するものではなく，子どもが主体的に読書することができる環境を整えることが目的であると，法制定にかかわった議員は強調している[19]。本法の附帯決議も，行政の不当な干渉があってはならないことや，図書館や事業者の自主性が尊重されるべきことなどを求めている。

　なお，本法の附帯決議の3には「子どもがあらゆる機会とあらゆる場所において，本と親しみ，本を楽しむことができる環境づくりのため，学校図書館，公共図書館等の整備充実に努めること」とある。学校図書館図書整備等5か年計画の財政措置（本章4）は，学校図書館法（本章1）や文字・活字文化振興法（本章3）だけでなく，この附帯決議および本法11条も背景にある。

▶子どもの読書活動の推進に関する基本的な計画

　子どもの読書活動の推進に関する法律8条に基づき，子どもの読書活動の推進に関する基本的な計画を内閣が閣議決定している。2002年からの第一次，2008年からの第二次に続いて，2013年から第三次に移った[20]。

　第三次は，2013年からのおおむね5年間の計画である。家庭，地域，学校を通じた社会全体での取り組み，子どもの読書活動を支える環境の整備，子どもの読書活動に関する意義の普及という基本方針のもとに，子どもの読書活動の推進のための具体的な方策を述べている。学校図書館にも随所で言及している。公共図書館との連携（本書第9章1）や，学校教育における学校図書館の活用などのほか，「児童生徒が生き生きとした学校生活を送れるようにするた

19：河村建夫「子どもの読書活動の推進に関する法律の制定」『学校図書館』2002年，no. 618, p.15-17.
　　肥田美代子「21世紀を拓く子どもの読書活動推進法：本を読む国・日本へ」『学校図書館』2002年，no. 618, p.18-20.
20：文部科学省．"「第三次子どもの読書活動の推進に関する基本的な計画」について"．http://www.mext.go.jp/b_menu/houdou/25/05/1335078.htm，(参照 2017-09-07).
　　次のウェブページも参考になる。
　　文部科学省．"全国の子ども読書推進計画のリンク集"．子ども読書の情報館．http://www.kodomodokusyo.go.jp/popup/suishin.html，(参照 2017-09-07).

め，また，児童生徒のストレスの高まりや生徒指導上の諸問題へ対応するため，自由な読書活動の場である学校図書館について「心の居場所」としての機能を更に充実させていくことが期待されている[21]」ともしている。

3．文字・活字文化振興法

　子どもの読書活動の推進に関する法律の制定後，経済協力開発機構（Organisation for Economic Co-operation and Development：OECD）が2003（平成15）年に発表した「生徒の学習到達度調査（Programme for International Student Assessment：PISA）」で，日本の高校生の読解力が低下しているというデータが出たことや，出版不況に悩む出版界の要請，子どもだけでなく大人の方こそ読書離れがあるとの認識などが背景となり，文字・活字文化の振興を図ることが重要な政策課題とみなされるようになった。

　超党派の「活字文化議員連盟」（メンバーの多くは，子どもの未来を考える議員連盟（本章2）にも参加していた）によって国会で議論が重ねられ，2005年に文字・活字文化振興法が制定された。目的や理念，および図書館に関連する箇所を中心に以下で解説する[22]。

　1条で目的を規定しているが，長い一文で書いてある。整理すれば，「文字・活字文化が，人類が長い歴史の中で蓄積してきた知識及び知恵の継承及び向上，豊かな人間性の涵養並びに健全な民主主義の発達に欠くことのできないものであることにかんがみ」（同条），わが国における文字・活字文化の振興に関する施策の総合的な推進を図り，知的で心豊かな国民生活および活力ある社会の実現に寄与することを目的としている。

　「文字・活字文化」を2条で定義している。これも整理すれば，次のとおりである。

21：文部科学省『子どもの読書活動の推進に関する基本的な計画』2013年，p. 21. http://www.mext.go.jp/b_menu/houdou/25/05/__icsFiles/afieldfile/2013/05/17/1335078_01.pdf，（参照 2017-09-07）.
22：子どもの読書活動の推進に関する法律に対する批判と同様，文字・活字文化は一人一人の内面にかかわることであり，法律による振興にはそぐわないという意見もある。

- 活字その他の文字を用いて表現されたもの（文章）を読むこと・書くことを中心とした精神的な活動，出版活動，その他の文章を人に提供するための活動
- 出版物その他の上記の活動の文化的所産

3条で基本理念を以下のように定めている。

- 文字・活字文化の振興に関する施策の推進は，すべての国民が，その自主性を尊重されつつ，生涯にわたり，地域，学校，家庭その他のさまざまな場において，居住する地域，身体的な条件その他の要因にかかわらず，等しく豊かな文字・活字文化の恵沢を享受できる環境を整備することを旨として，行われなければならない（3条1項）。
- 文字・活字文化の振興にあたっては，国語が日本文化の基盤であることに十分配慮されなければならない（同2項）。
- 学校教育においては，すべての国民が文字・活字文化の恵沢を享受することができるようにするため，その教育の課程の全体を通じて，読む力および書く力ならびにこれらの力を基礎とする言語に関する能力（言語力）の涵養に十分配慮されなければならない（同3項）。

本法の解説記事によれば，言語力とは「文章を読む力や書く力のほか，これらの力を基礎として，的確な情報を収集し調べる力や，考えや意見を他者に伝える力などをも含む概念[23]」である。本法の言語力の概念が，2011〜2013年度から実施されている学習指導要領（本章5）の「言語活動の充実」という教育政策に受け継がれているとの指摘がある[24]。

基本理念にのっとり，国は，文字・活字文化の振興に関する施策を総合的に

23：赤間圭祐「文字・活字文化振興法」『法令解説資料総覧』2005年, no. 286, p. 9-10.
24：坂田仰ら編『教育改革の動向と学校図書館』八千代出版, 2012年, p. 8.
「シリーズ学校図書館学」編集委員会編『学校経営と学校図書館』全国学校図書館協議会, 2011年, p. 64.

策定・実施する責務を有する（4条）。地方公共団体は，国との連携を図りつつ，地域の実情を踏まえ，文字・活字文化の振興に関する施策を策定・実施する責務を有する（5条）。また，国および地方公共団体は，文字・活字文化の振興に関する施策が円滑に実施されるよう，図書館，教育機関その他の関係機関や民間団体との連携の強化，その他必要な体制の整備に努める，と規定している（6条）。

7条と8条には，図書館に関する規定が複数ある。7条は，地域における文字・活字文化の振興と図書館について，次のように規定している。

- 市町村は，図書館奉仕に対する住民の需要に適切に対応できるようにするため，必要な数の公立図書館を設置し，および適切に配置するよう努める（7条1項）。
- 国と地方公共団体は，公立図書館が住民に対して適切な図書館奉仕を提供することができるよう，司書の充実などの人的体制の整備，図書館資料の充実，情報化の推進などの物的条件の整備その他必要な施策を講ずる（同2項）。
- 国と地方公共団体は，大学その他の教育機関が行う図書館の一般公衆への開放，文字・活字文化に係る公開講座の開設等を促進するため，必要な施策を講ずるよう努める（同3項）。

8条は，学校教育における言語力の涵養について定めており，学校図書館にも次のとおり言及している（同条2項）。

> 国及び地方公共団体は，学校教育における言語力の涵養に資する環境の整備充実を図るため，司書教諭及び学校図書館に関する業務を担当するその他の職員の充実等の人的体制の整備，学校図書館の図書館資料の充実及び情報化の推進等の物的条件の整備等に関し必要な施策を講ずるものとする。

2014年6月の学校図書館法改正（学校司書の法制化）についてすでに述べた（本章1）。文字・活字文化振興法も，上のとおり学校司書（上では「学校図書館に関する業務を担当するその他の職員」）に言及している。

10条は，「国は，学術的出版物の普及が一般に困難であることにかんがみ，学術研究の成果についての出版の支援その他の必要な施策を講ずるものとする」と規定している。一般に，学術的出版物の市場は小さく，採算を取りづらいため出版が難しい。支援のための施策となると，直接的には研究者などへの研究資金（出版経費）の拠出ということになろうが，学術的出版物の買い手であり，出版物と読者のつなぎ手である図書館への支援もひとつの方法だろう。

以上のほか，文字・活字文化の国際交流（9条），10月27日を文字・活字文化の日とすること（11条），財務上の措置（12条）などを定めている。10月27日は，公益社団法人読書推進運動協議会の主催により全国でさまざまな行事が行われている，読書週間（文化の日を中心にした2週間，10月27日～11月9日）の初日にあたる。子ども読書の日と同様，文字・活字文化の日や読書週間に合わせて，学校図書館が行事を行う場合がある[25]。

本法制定後の2008年，「国民読書年に関する決議」が衆参両院全会一致で採択され，本法制定5周年にあたる2010年を「国民読書年」に制定することになった。2010年の国民読書年には，関連行事や広報番組の放送が行われた。

子どもの読書活動の推進に関する法律と文字・活字文化振興法を具現化し，文字・活字文化振興に関する言語力の向上や人材育成，能力開発事業などに取り組む団体に公益財団法人文字・活字文化推進機構がある。上記の国民読書年の際は，その報告集会を憲政記念館講堂（東京都千代田区）で開催している。

4．学校図書館図書整備等5か年計画

1993（平成5）年，文部省（当時）が「学校図書館図書整備新5か年計画」を

25：学校図書館問題研究会編『学校司書って、こんな仕事：学びと出会いをひろげる学校図書館』かもがわ出版，2014年，p. 100.
後藤敏行『図書館員をめざす人へ』勉誠出版，2016年，p. 150-151.

発表した。公立の小中学校等の学校図書館充実のために，学校種別ごと，学校規模ごとの図書の整備目標として「学校図書館図書標準」[26]（本書第6章2.（2）表6-1）を設定し，かつ，5年間で総額約500億円の図書購入費を地方交付税として措置するとした。

5か年計画は過去4回実施されている。2002年度からは第二次となる5か年計画が始まり，毎年約130億円（総額約650億円）が地方交付税として交付された（1998年度から2001年度も，5か年計画ではないが，毎年約100億円の地方交付税が措置されていた）。その後，2007年度からまた5年間，「新学校図書館図書整備5か年計画」が実施された。蔵書を増やすための予算（増加冊数分）に加え，古くなった図書を更新するための予算（更新冊数分）もこの計画に組み込まれ，合計で毎年約200億円（総額約1,000億円）が手当てされた。それでも，学校図書館図書標準を達成した学校の割合は，増加した[27]ものの十分ではなかった（2011年度末で，達成した小学校56.8％，中学校47.5％）[28]ことから，文部科学省は2012年度からさらに5年間，「学校図書館図書整備5か年計画」として，増加冊数分と更新冊数分を合わせて毎年約200億円（総額約1,000億円）を措置した。同計画はまた，学校図書館への新聞配備や学校司書の配置にも予算をつけた。

4度にわたる5か年計画の結果，学校図書館図書標準を達成した学校の割合は増加したものの，100％には至っていない（2015年度末で，達成した小学校66.4％，中学校55.3％）[29]。また，学校図書館においては，必ずしもすべての資料を永続的に保存するのではなく，定期的な除籍，更新が必要だと考えられている

26：文部科学省．"「学校図書館図書標準」の設定について"．http://www.mext.go.jp/b_menu/hakusho/nc/t19930329001/t19930329001.html，(参照 2017-09-07)．

27：増加した背景として，5か年計画のほかに，「住民生活に光をそそぐ交付金」（「知の地域づくり」や「弱者対策・自立支援」などの分野に使途を限定し，2010年度末に補正予算で措置された交付金）の影響も指摘できる。
全国SLA研究調査部「2012年度学校図書館調査報告」『学校図書館』2012年，no. 745, p.44-61．

28：文部科学省．"平成24年度「学校図書館の現状に関する調査」の結果について"．http://www.mext.go.jp/a_menu/shotou/dokusho/link/1330588.htm，(参照 2017-09-07)．

29：文部科学省．"平成28年度「学校図書館の現状に関する調査」の結果について"．http://www.mext.go.jp/a_menu/shotou/dokusho/link/1378073.htm，(参照 2017-09-07)．

が（本書第6章3），古い図書が保有されている状況も実際はある。さらに，各学校で新聞を活用した学習を行うための環境が十分には整備されていない（本書第6章冒頭）．学校司書を配置する学校が近年増加しており，その必要性が認識されているもののまだ十分ではない，という課題も依然としてある。

　上記を背景に，2017年度からは，学校図書館図書標準の達成，計画的な図書の更新，学校図書館への新聞配備と学校司書の配置拡充を図ることを目的として，第五次となる「学校図書館図書整備等5か年計画」が実施されている。この計画では5か年で総額約2,350億円が措置されている。内訳は次のとおりである。図書，新聞，学校司書のための予算いずれも，従来の5か年計画を上回る。

- 小中学校の学校図書館図書整備費：増加冊数分が約325億円，更新冊数分が約775億円，計約1,100億円
- 学校図書館への新聞配備費：小学校（1紙配置）が50億円，中学校（2紙配置）が50億円。さらに，新たに高等学校の図書館への新聞配備費（4紙配置）50億円が措置され，計約150億円
- 学校司書の配置費：おおむね，小中学校1.5校に1名配置するために約1,100億円

　ただし，5か年計画の財源である地方交付税は，補助金とは異なり，地方公共団体が使途を自由に決定できる。そのため，5か年計画の予算が実際には学校図書館図書費ではなく，別の用途に使用される例があることが問題視されている。また，2017年度からの計画では高等学校の図書館への新聞配備費が上記のとおり措置されたものの，基本的に，5か年計画が高等学校を対象にしていないことを課題とする意見もある。

5．学習指導要領

　学習指導要領とは，小学校，中学校，高等学校および特別支援学校などの教

育課程の基準として文部科学大臣が公示し[30]（学校教育法施行規則52条，74条，79条の6，84条，108条，129条），各教科等の目標や大まかな教育内容を定めるものである。本書執筆時点（2017（平成29）年）での現行の学習指導要領は，小学校は2011年度から，中学校は2012年度から，高等学校は2013年度入学生から（数学および理科は2012年度入学生から）全面実施されている。各学校では，学習指導要領や，学校教育法施行規則で定める年間の標準授業時数などを踏まえ，地域や学校の実態に応じて教育課程（カリキュラム）を編成している。

現行よりひとつ前のものから一貫する学習指導要領の基本理念は，「生きる力」を育む，というものである。生きる力には「いかに社会が変化しようと，自分で課題を見つけ，自ら学び，自ら考え，主体的に判断し，行動し，よりよく問題を解決する資質や能力」や「自らを律しつつ，他人とともに協調し，他人を思いやる心や感動する心など，豊かな人間性」などが含まれるとされる[31]。前者は情報リテラシー（本書第2章2.（1））を連想させるものであり，その育成に学校図書館が寄与できるだろう。後者の「豊かな人間性」という表現は，読書センターとしての学校図書館（本章1）を想起させる。

実際，学習指導要領には「学校図書館」という言葉が複数回出てくる。以下では，小学校学習指導要領（2008年文部科学省告示）を例に見てみよう（いずれも下線部筆者）。学校種別ごとの新旧対照表や全文が，文部科学省のウェブページで読める[32]。また，学習指導要領における「学校図書館」関連の記述を整理したウェブページを全国SLAが設けている[33]。

30：公示とは，一定の事柄を周知させるため，公衆が知ることのできる状態に置くこと。
高橋和之ら編『法律学小辞典』第5版，有斐閣，2016年，p. 368.
31：文部科学省．"（3）今後における教育の在り方の基本的な方向". http://www.mext.go.jp/b_menu/shingi/old_chukyo/old_chukyo_index/toushin/attach/1309590.htm，（参照 2017-09-07）.
文部科学省．"教員用パンフレット（平成20年作成）". http://www.mext.go.jp/a_menu/shotou/new-cs/pamphlet/1297334.htm，（参照 2017-09-07）.
32：文部科学省．"新学習指導要領（本文，解説，資料等）". http://www.mext.go.jp/a_menu/shotou/new-cs/youryou/index.htm，（参照 2017-09-07）.
33：全国学校図書館協議会．"新学習指導要領における「学校図書館」関連の記述". http://www.j-sla.or.jp/material/research/post-46.html，（参照 2017-09-07）.

- <u>学校図書館</u>を計画的に利用しその機能の活用を図り，児童の主体的，意欲的な学習活動や読書活動を充実すること（第1章総則 第4 指導計画の作成等に当たって配慮すべき事項）
- 各学年の内容の「A 話すこと・聞くこと」，「B 書くこと」，「C 読むこと」及び〔伝統的な言語文化と国語の特質に関する事項〕に示す事項については，相互に密接に関連付けて指導するようにするとともに，それぞれの能力が偏りなく養われるようにすること。その際，<u>学校図書館</u>などを計画的に利用しその機能の活用を図るようにすること（第2章 各教科 第1節 国語 第3 指導計画の作成と内容の取扱い）
- 各学年の内容の「C 読むこと」に関する指導については，読書意欲を高め，日常生活において読書活動を活発に行うようにするとともに，他の教科における読書の指導や<u>学校図書館</u>における指導との関連を考えて行うこと。<u>学校図書館</u>の利用に際しては，本の題名や種類などに注目したり，索引を利用して検索をしたりするなどにより，必要な本や資料を選ぶことができるように指導すること。なお，児童の読む図書については，人間形成のため幅広く，偏りがないように配慮して選定すること（第2章 各教科 第1節 国語 第3 指導計画の作成と内容の取扱い）
- <u>学校図書館</u>や公共図書館，コンピュータなどを活用して，資料の収集・活用・整理などを行うようにすること（第2章 各教科 第2節 社会 第3 指導計画の作成と内容の取扱い）
- <u>学校図書館</u>の活用，他の学校との連携，公民館，図書館，博物館等の社会教育施設や社会教育関係団体等の各種団体との連携，地域の教材や学習環境の積極的な活用などの工夫を行うこと（第5章 総合的な学習の時間 第3 指導計画の作成と内容の取扱い）
- 日常の生活や学習への適応及び健康安全
  - ア　希望や目標をもって生きる態度の形成
  - イ　基本的な生活習慣の形成
  - ウ　望ましい人間関係の形成
  - エ　清掃などの当番活動等の役割と働くことの意義の理解

オ　学校図書館の利用
　　カ　心身ともに健康で安全な生活態度の形成
　　キ　食育の観点を踏まえた学校給食と望ましい食習慣の形成
　（第6章 特別活動 第2 各活動・学校行事の目標及び内容）

　現行の学習指導要領の特徴のひとつとして，言語を重視している点も覚えておきたい。例えば「各教科等の指導に当たっては，児童の思考力，判断力，表現力等をはぐくむ観点から，基礎的・基本的な知識及び技能の活用を図る学習活動を重視するとともに，言語に対する関心や理解を深め，言語に関する能力の育成を図る上で必要な言語環境を整え，児童の言語活動を充実すること」（小学校学習指導要領第1章 総則 第4 指導計画の作成等に当たって配慮すべき事項）とあり，国語科に限らず，各教科等で言語活動を指導すること（例えばレポート作成や論述を行うこと）が求められている。文字・活字文化振興法における「言語力」の解説（本章3）も参照してほしい。

　学習指導要領はほぼ10年ごとに改訂されている。今後，移行期間を経て，小学校は2020年度から，中学校は2021年度から，高等学校は2022年度入学生から新学習指導要領が実施される予定である。特別支援学校のスケジュールは小中高校のそれに準じる。

　小中学校の新学習指導要領は2017年3月にすでに公示された。子どもたちに求められる資質・能力とは何かを社会と共有し連携する「社会に開かれた教育課程」を重視することや，現行学習指導要領の枠組みや教育内容を維持したうえで，知識の理解の質をさらに高め，確かな学力を育成することなどを基本的な考え方としている。また，知識の理解の質を高め，資質・能力を育む「主体的・対話的で深い学び」を実現することもポイントのひとつに挙がっている[34]。そもそも学校図書館をテーマにした座談会での発言ではあるものの，「学習指導要領の新しい姿はまさに学校図書館の全ての機能を活用することを求め

34：文部科学省．"幼稚園教育要領、小・中学校学習指導要領等の改訂のポイント"．http://www.mext.go.jp/a_menu/shotou/new-cs/__icsFiles/afieldfile/2017/06/16/1384662_2.pdf，(参照 2017-09-07)．

ています」と文部科学省初等中等教育局児童生徒課長が述べている[35]。新学習指導要領においても学校図書館が役割を果たすことを期待したい。

　学習指導要領については，司書教諭の資格を取得しようとする際は科目「学習指導と学校図書館」で，学校司書の資格を取得しようとする際はモデルカリキュラムの科目「学校教育概論」[36]や「学習指導と学校図書館」で，それぞれさらに学ぶ。

35：「学校図書館の活用で新しい学びの姿を：学校図書館座談会」『教育新聞』2017年4月24日，no. 3520. https://www.kyobun.co.jp/feature1/pf20170424_03/，(参照 2017-09-07).

36：学校司書のモデルカリキュラムでは，教職に関する科目の一部と「学校教育概論」を読み替え可能としているため，実際の科目名は大学によって異なる可能性がある。
学校図書館の整備充実に関する調査研究協力者会議『これからの学校図書館の整備充実について（報告）』2016年，p. 27. http://www.mext.go.jp/component/b_menu/shingi/toushin/__icsFiles/afieldfile/2016/10/20/1378460_02_2.pdf，(参照 2017-09-07).

第4章 学校図書館の経営：総論

　本章からは，経営サイクル，経営資源という観点から学校図書館を見る。本章は総論であり，学校経営のなかの学校図書館，および学校図書館の年間計画，組織，評価について解説する。本章を補足し，実務の現状に迫るため，現職の司書教諭への取材を実施した。その内容をインタビュー記事にして章末に収録しているので，それも参考にしてほしい。

1．学校経営と学校図書館

　『教育学用語辞典』（学文社，2010年）によれば，学校経営とは「各学校がその組織目的・目標を達成するために，人的（man），物的（material），予算的（money）諸条件（3M）を整備し，その組織運営にかかわる諸活動を統括する活動」を指す。学校経営の領域には「（1）教育目標の決定や教育内容の選択・組織など教育課程の編成に関すること，（2）教職員および児童生徒の組織化，（3）校舎，校庭，諸施設，教材，教具，学校予算など物的・財政的諸条件の整備，（4）さまざまな学校事務の整備・処理，（5）家庭や地域社会，地域の関係諸機関，他校との連携・交流」などがあるとしている[1]。

　学校の組織図では，部会や委員会のひとつとして「図書部」や「図書選定委員会」を置く場合が多い（図4-1，本章2．（2））。これらの名称は学校によって異なる。例えば図書部でなく図書館部であったり，図書選定委員会でなく選書委員会であったりする場合もある。また，必ず置かれるわけではなく，片方しかない場合や，図書部ではなく教務部などの一係である場合も少なくない[2]。

1：岩内亮一ほか編『教育学用語辞典』第4版（改訂版），学文社，2010年，p. 39.
2：坂田仰，河内祥子編著『教育改革の動向と学校図書館』八千代出版，2012年，p. 49.

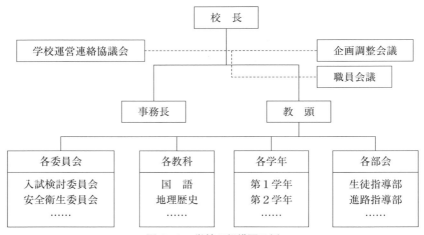

図 4-1　学校の組織図の例
部会や委員会に図書部や図書選定委員会を置く場合が多い。

　学校図書館としては，教育課程の展開に寄与し，かつ，児童生徒の健全な教養を育成することを目的とする（本書第3章1）以上，上の（3）だけでなく，（1）をはじめ，学校経営のさまざまな領域にかかわるものであることをアピールしたい。

2．学校図書館の経営

　学校に学校経営があるように，図書館にも図書館経営という概念がある。経営学の古典によれば，そもそも経営とは「企業に委ねられているすべての資源からできるだけ多くの利益をあげるよう努力しながら企業の目的を達成するよう事業を運営すること[3]」である。この著者の理論は海外の図書館経営の教科書でも用いられている[4]。この定義を応用すれば，学校図書館の経営とは，学校図書館の資源（スタッフや資料，設備など）をできる限り効果的に活用しなが

3：H. ファイヨール；山本安次郎訳『産業ならびに一般の管理』ダイヤモンド社，1985年，p. 10．

ら，教育課程の展開への寄与や児童生徒の健全な教養の育成を図ることである，と言えるだろう。

経営のサイクルは Plan（計画）-Do（実践）-See（評価）であり（PDCA：Plan-Do-Check-Act（計画-実践-評価-改善）とも言われる），経営（特に学校経営）の資源・条件は man（人），material（物），money（金），management（組織運営）の4M（前3者に焦点を絞るなら3M）であるとよく言われる。経営サイクルの Do は本書第8章と第9章で，経営の資源・条件の man は本書第5章，material は本書第6章と第7章でそれぞれ論じる。money に関しては本書で必要に応じて取り上げている。本節では，残る Plan と management，See について述べる。

（1）学校図書館の年間計画

あらかじめ計画を立てることは，何をするか／何をしないかを明らかにし，学校図書館の資源を効果的に活用するのに役立つ。また，本章末のインタビュー記事にも同趣旨の発言があるが，学校図書館の運営や活動に関する計画を立て，明らかにすることで，情報の共有が図られ，管理職やほかの教職員から理解やアドバイス，新たなアイデアを得ることにもつながる。

数年にわたる長期計画もありうるが，ここでは年間計画を取り上げる。玉川学園（東京都町田市）の学園マルチメディアリソースセンター（略称：MMRC．本章インタビュー記事参照）や，インターネット上に公開されていた年間計画の実例を章末に資料4-1〜資料4-4として挙げる（57ページ以降参照）。

資料4-1，資料4-2は，MMRC の年間の図書館教育全体計画および展示計画である。資料4-1では，図書館教育のねらいと重点施策をまず明らかにしたうえで，読書指導と利用指導の2つのはしらについて，学年ごとの目標を詳細に設定している。図書館の年間利用計画や注意事項も明記している。資料

4：Molz, Redmond Kathleen. *Library Planning and Policy Making: the Legacy of the Public and Private Sectors*. Scarecrow Press, 1990, p.9.
Stueart, Robert D.; Eastlick, John T. *Library Management*. Libraries Unlimited, 1977, p.20, 153.

4-2では，月や季節ごとの展示内容，期間などを定めている。教科や季節の出来事と連動していることが見て取れる。あらかじめ計画を立て，表として可視化することで，業務の効果的，効率的な遂行が可能になっている。

資料4-3は，秋田県にかほ市の，公立小学校図書館の年間計画である（本書への掲載について許諾済み）。図書館活動を「図書館経営」，「[児童の]図書委員会」，「読書・学習支援」，「ボランティア」の4つの観点に分け，かつ常時の活動と月ごとの活動の2つに整理して一覧にしている。児童生徒の図書委員会については本書第8章5．(2)を，ボランティアは本書第5章2をそれぞれ参照してほしい。

資料4-4は，学校図書館の活用に関する文部科学省からの委託研究（平成22年度）の資料を秋田県が公開していたものである（本書への掲載について許諾済み）。小学校での図書館利用教育の計画を，学年ごとに分け，かつ季節ごと（長期休業期間や年度末は含めていないようである）に整理して一覧にしている。学年が上がるに連れて内容が高度になっている。

その他，年間計画の一般的なポイントには以下がある。

- 学級担任や教科担任と必要に応じて連携しながら，各学年・各教科の年間の授業内容を把握する。そのうえで，時々の授業に対応する資料提供

季節の行事と連動した展示

や展示などを行ったり，図書館を授業で活用する。
- 季節や学校行事と連動した資料提供，展示，行事などを行い，児童生徒の読書やその他の図書館利用にメリハリをつける。

（2）学校図書館の組織

　本章1で述べたとおり，学校の組織のなかに図書部や図書選定委員会（名称は学校によって異なる）を置く場合が多い。ただし必ず置かれるわけではなく，片方しかない場合や，図書部ではなく教務部などの一係である場合も少なくない。後者の場合，その部・係が学校図書館の運営を担当する。

　学校図書館の日々の運営を担う図書部には，学校司書や司書教諭以外の教員もメンバーに加わる。司書教諭以外の教諭は係り教諭，図書館係り教諭などと呼ばれる。司書教諭や学校司書がいれば，日々の運営で中心的役割を果たしうるが，いない学校の場合（本書第5章1.（4）），係り教諭が学校図書館運営の中心になることになる。

　図書選定委員会は，収集方針や廃棄方針を決めたうえで，学校図書館資料の選定を行う。この委員会には，管理職，各学年・各教科の代表が参加し，校内の多様な意見を反映するべきである。ときには保護者や児童生徒の要望も取り入れることが望ましい（本書第6章2）。図書選定の参考になる諸基準についても本書第6章2を参照してほしい。

　図書選定委員会を設けていない学校の場合，司書教諭や学校司書を中心に図書部が機能を兼ねることになるだろうが，上記と同様，多様な意見をできる限り反映したい。

　以上のほか，学校図書館の組織（あるいは経営）に関する一般的なポイントとして，以下を挙げることができる。

- 学校図書館の教育的意義について校内の教員の理解があること。
- 司書教諭や学校司書が力を発揮しやすいよう，教育委員会や校長が理解を示しリーダーシップを取ること。
- 上述の図書選定委員会に限らず，校内教員からの多様な意見が上がって

きやすい体制・体質であること。

（3）学校図書館の評価

　学校図書館は定期的に評価し，課題を明らかにして改善につなげるべきである。年間計画は達成できているか，年間計画や組織に足りない点や不要な点はないかなどのほか，本書で述べる学校図書館のさまざまな側面について評価をしたい。

　全国SLA「学校図書館評価基準」[5]や学校図書館問題研究会の「学校図書館活動チェックリスト」[6]が多くの点検項目を列挙している。自校に特有の事情も考慮しつつ，参考にしたい。

　また，「学校図書館図書標準」や「学校図書館メディア基準」（いずれも本書第6章2.（2）），「学校施設整備指針」や「学校図書施設基準」（本書第7章1）などの諸基準も役に立つ。ただし，何冊の蔵書をそろえたか，貸出冊数はいくらかなどの数量面にとどまらず，教育課程の展開や児童生徒の教養育成を支援できているか，児童生徒，教員の満足度を向上できているかといった質的な面も検討すべきであろう。

　なお，小中高校，義務教育学校，中等教育学校，および特別支援学校は，学校の教育活動その他の学校運営の状況について，教職員による自己評価を行い，その結果を公表するものとされている。また，保護者その他の当該学校の関係者による評価を行い，その結果を公表するよう努めるものとされている（学校教育法42条，49条，49条の8，62条，70条，82条および学校教育法施行規則66条，67条，79条，79条の8，104条，113条，135条）。さらに，法令上の義務づけはないが，学校運営に関する外部の専門家を中心とした評価者により，専門的視点から評価を行う場合もある。以上は順に，自己評価，学校関係者評価，第三者評価と呼ばれる。これらの評価のなかで，「学校運営組織としての学校図書館運

5：全国学校図書館協議会．"学校図書館評価基準"．http://www.j-sla.or.jp/material/kijun/post-44.html，（参照 2017-09-07）．
6：学校図書館問題研究会．"学校図書館活動チェックリスト"．http://gakutoken.net/opinion/2002checklist/，（参照 2017-09-07）．

営委員会，メディア選定委員会の設置が必要である」「学校図書館を全校的機関として分掌組織へ位置づけることが求められる」といった具合に，学校図書館に言及することもある。

学校評価の目安となる事項を示すものとして，『学校評価ガイドライン』を文部科学省が策定している。評価項目・指標などの例のひとつとして，「学校図書館の計画的利用や，読書活動の推進の取組状況」を挙げている[7]。

3.【インタビュー記事】学校図書館の現場（1）：図書館の経営，運営

本章を補足し，実務の現状に迫るため，玉川学園（東京都町田市）の学園マルチメディアリソースセンター（略称：MMRC）の事例を取り上げる。同学園は幼稚園から高等学校までの一貫教育を展開している。2006年に開設したMMRCは，幼稚園児も利用できるが，小中高校の図書館として機能している。「学校図書館の経営，運営」を主たるテーマに，MMRCの専任司書教諭である伊藤史織さんにお話を伺った。

MMRCの位置づけ

伊藤 本学園は，幼稚園から高校までをひとつの流れと捉えたK-12一貫教育制を導入しています[8]。1年生から4年生までを低学年，5年生から8年生（中学2年生）までを中学年，9年生（中学3年生）から12年生（高校3年生）までを高学年と呼んでいます。いわゆる特進コースにあたるプロアクティブラーニング（PL）コースや，国際バカロレア（IB）[9]のクラスがあります。文科省から，スーパーサイエンスハイスクール（SSH）[10]やスーパーグローバルハイスクール（SGH）[11]の指定も受けています。

7：文部科学省．"学校評価ガイドライン 平成28年改訂". http://www.mext.go.jp/component/a_menu/education/detail/__icsFiles/afieldfile/2016/06/13/1323515_02.pdf，(参照 2017-09-07)．

8：Kは'kindergarten'（幼稚園），12は12年生（高校3年生）の意。K-12で「幼稚園から高校卒業までの」の意味になる。

MMRCを一番よく使っているのが「学びの技」という，思考のスキルや，思考したことを表現するためのスキルを身につけるための授業で，SSH科目のひとつです。また，本学園が掲げる教育観とIBの学習者像[12]がよく似ていることもあり，2007年度からIBクラスが始まりました。IBの学習には探究的な要素が非常に多いです。さらに，本学園はもともと，多くの国際プログラムを実施していました。それが評価されて2014年度からSGHの指定を受けています。これらの取り組みを踏まえて玉川学園では探究学習が行われています。それを支える施設がMMRCになります。

　MMRCは高学年校舎の2階にあります。そのため，K-12の図書館ではありますが，9年生（中学3年生）から12年生（高校3年生）までが特によく利用する施設です。中学年校舎は別の建物ですが，中学年生の通学路の途中に

9：国際バカロレア（IB：International Baccalaureate）とは，国際バカロレア機構（本部：ジュネーブ）が提供する国際的な教育プログラム。チャレンジに満ちた総合的な教育プログラムとして，世界の複雑さを理解して，そのことに対処できる生徒を育成し，生徒に対し，未来へ責任ある行動をとるための態度とスキルを身につけさせるとともに，国際的に通用する大学入学資格（国際バカロレア資格）を与え，大学進学へのルートを確保することを目的として1968年に設置された。
　文部科学省．"国際バカロレアについて"．http://www.mext.go.jp/a_menu/kokusai/ib/，（参照 2017-09-07）．

10：先進的な理数系教育を通し，生徒の科学的能力・技能，科学的思考力，判断力・表現力を培い，将来国際的に活躍しうる科学技術人材などの育成を図ることを趣旨として文部科学省が指定する，理数系教育に関する研究開発を行う高等学校や中高一貫教育校。
　科学技術振興機構．"スーパーサイエンスハイスクール（SSH）とは"．https://ssh.jst.go.jp/ssh/public/about.html，（参照 2017-09-07）．

11：グローバル・リーダー育成に資する教育を通し，生徒の社会課題に対する関心と深い教養，コミュニケーション能力，問題解決力などの国際的素養を身につけ，将来国際的に活躍できるグローバル・リーダーの育成を図ることを趣旨として文部科学省が指定する，グローバル・リーダー育成に資する教育課程などに関する研究開発を行う高等学校や中高一貫教育校。
　筑波大学附属学校教育局．"スーパーグローバルハイスクールとは"．http://www.sghc.jp/outline/，（参照 2017-09-07）．

12：国際バカロレアは，「探究する人」，「知識のある人」，「考える人」など，10の人物像を掲げている。
　文部科学省．"IBの学習者像"．http://www.mext.go.jp/a_menu/kokusai/ib/__icsFiles/afieldfile/2015/02/09/1353422_01.pdf，（参照 2017-09-07）．

MMRCがあるので,中学年生は登校時や下校時に利用していきます。

――中学年生の動線上にあるということですね?
伊藤　はい。

――学園内にはほかにも低学年生用の図書室などがありますか?
伊藤　はい,あります。教室と教室の間に,小さな図書コーナーがあって,600冊くらいの本が置いてあります。

MMRCの施設,資料,学習支援

――施設や資料など,MMRCの全体についてお伺いできますか?
伊藤　MMRCはラーニングスキルを育成する場だというのが開設当初から貫かれているポリシーです。そのために施設や資料,学習支援という面でいろいろ工夫をしてきました。

　まず施設についてご説明します。学校図書館も含め,図書館は,静かにしな

MMRCの防音の施設

ければいけない場所というイメージが一般にあると思いますが、音の出る活動も学習には大事な場合があります。それらが共存できるように防音の施設をつくりました。

　それから、形が変わる家具。組み合わせることも、キャスターが付いていて折り畳むことも、しまうこともできる机や椅子があります。グループワークをしたい場合は組み合わせて大きな机にしたり、あるいは逆に全部片づけて、床にカーペットを敷いて読み聞かせ会をすることもできます。MMRCは大きな施設ですねと言っていただけるときもありますが、K-12の児童生徒全員が使う施設だということを考えると、手狭なんですね。そのため、多様な学習活動に対応できる、フレキシブルな空間をつくらなければいけないという事情もありました。

　MMRCは利用者主体のデザインです。「パソコンはパソコン室に行く、本は図書館に行く」というのではなくて、利用者に引き寄せて使うことができます。子どもたちがパソコンを使いながら本や雑誌を広げて見られるよう、館内すべて無線LANがつながりますし、話し合いをしたいときには防音の部屋に行って教え合いをしたりプレゼンテーションの練習をしたりできます。パソコンは授業のなかでひとり1台使えるように、かつ、MMRCを同時に2クラス

形が変わる家具（1）

3.【インタビュー記事】学校図書館の現場（1）：図書館の経営，運営 | 53

形が変わる家具（2）

が使えるようにということで，80台のMacBookを用意しています。

　次に資料ですが，マルチメディアリソースセンターという名前のとおり，いろいろなメディアを用意しています。蔵書は現在，約57,000冊あります。和書が約52,000冊，洋書が約5,000冊です。雑誌は40誌あります。データベースは9種類ありまして，それを利用すると，新聞が17紙利用できることになります。こうした蔵書も学校図書館としては非常に充実したものです。ただそろっているだけでなく，よく使われています。新聞のデータベース会社の方に聞くと，大学並みにアクセス数があるようです。

　続いて，学習支援に関してお話しします。ラーニングスキルを育成するという使命がMMRCにはありますので，開設当初からユーザーズガイドを用意しました。改訂を重ね，最新版は第5版です。MMRCの概要を書いた章などもありますが，一番多くのページを割いているのが「ラーニングスキル」という章です。各種メディアの使い方や探し方，引用の仕方，レポートの書き方，プレゼンテーションの仕方など，ラーニングスキルに関する事項が詳しく書かれています。

児童生徒にはユーザーズガイドをいつも持参してほしいのですが，そうでないことも多いので，論文・レポート作成のための抜き刷りのコーナーを作りました。ユーザーズガイドの必要なページだけを印刷したものを置いておき，児童生徒が必要に応じて使えるようにしています。英語版のユーザーズガイドもありまして，英語版の抜き刷りは洋書のコーナーの近くに置いています。

MMRCの授業へのかかわりとしては，全科目全学年で使われた実績があります。MMRCは複数のクラスが同時に利用可能な広さを確保していることもあり，年間で合計約3,500時間の授業利用があります。ただし，ヘビーユーザーは，前述のとおり高学年生ですね。特にIBクラスの授業では大変よく使われています。

年間計画，人員体制など

――詳細なご説明をありがとうございます。MMRCを運営するにあたり，年間計画のようなものはつくりますか？

伊藤　MMRCの年間の全体計画を立てます。詳細なものと言うよりは，ポイントを整理したものです。ほかにも，年間展示計画や，今年度［2017年度］は図書館教育全体計画も立案しました（本章末資料4-1，資料4-2）。

――MMRCの人員体制については？

伊藤　専任司書教諭が1名（伊藤），非常勤司書教諭が1名，それから事務職員が1名，パートタイムスタッフが3名。学校図書館としては非常に充実した人員の手当が行われていると思います。

――校内でのMMRCの位置づけについては？

伊藤　MMRCは独立した部署です。幼稚部，低学年，中学年，高学年の各ディビジョンの要望を反映する必要がありますので，校内に設けられる教務委員会に「図書・読書」という担当があります。各ディビジョンから数名ずつ出席し，MMRCの司書教諭である私も参加して，例えば全教員が参加して編集した「夢への扉」という，児童・生徒に読んでほしい本をまとめた読書案内を

発行したときも，そのメンバーが中心になりました。選書は基本的に司書教諭が担当しますが，選書した資料の発注前に，発注リストを「図書・読書」の先生方に回覧してもらいます。「もうちょっとこういうものも欲しい」など，気がついたことがあれば指摘してもらうようにしています。

—— MMRCの授業へのかかわりのお話が先ほどありました。特定の教科と連動して何かをすることはありますか？

伊藤　展示企画の連動では，9年生（中学3年生）の現代社会の授業で，「台湾のお年寄りはどうして日本語がしゃべれるのか」をテーマにしたものがありました。玉川大学の教育博物館とのコラボレーション授業です。その授業と連動して，「台湾を知る本」という展示を例年行っています。

　ほかにも，去年［2016年］，オバマ米大統領（当時）が日本に来て広島でスピーチされましたよね。ちょうど，英語科の先生が「禎子の折り鶴」[13]を題材に授業をしていました。展示をしてほしいという話になり，「禎子の折り鶴」の関連図書とオバマ大統領のスピーチをいっしょに展示することになりました。

　教科等と連動している例としては，MMRCを学習の拠点とした総合学習，9年生必修「学びの技」が特徴的です。「学びの技」は各自がテーマを決めて多様な資料を調べ，論理的にまとめて発表し，最終的に論文に仕上げるという，ラーニングスキル習得を目的とした授業です。司書教諭は関連資料をそろえることはもちろん，教科教員とともに授業の計画立案に加わるなど，深く関わってきました。また，玉川学園の伝統的な総合学習「自由研究」で論文課題が出されますが，10〜11年生全員に対しての「自由研究論文講座」なども実施しています。

13：広島市に住んでいた少女佐々木禎子は，原子爆弾によって白血病を患い亡くなった。折り紙で千羽鶴を折れば元気になると信じて鶴を折りつづけた。その死をきっかけに，広島平和記念公園に原爆の子の像が建立された。
広島市．"折り鶴と「原爆の子の像」について"．http://www.city.hiroshima.lg.jp/www/contents/1110438305305/，(参照 2017-09-07)．

校内の理解

── MMRC の運営にあたって，校長先生や管理職の方の理解・協力は重要でしょうか，この点のご実感は？

伊藤 本当に重要だと実感しています。やっぱり，図書館に力を入れようと管理職がここまで考えてくれたからこの施設が実現したわけで，理解がなければ，そうはならなかったと思います。

理解が得られたのは本学園の伝統もあります。本学園はもともと図書館に力を入れており，開園当時から，「立派な図書館をつくる」，「図書館は学校の目玉でなければならない」と考えていました。

ですが，MMRC のような集中管理型の図書館ができたのは本学園にとって革新的なことでした。先ほど申しましたように，学園内には MMRC のほかにも，教室と教室の間の，小さな図書コーナーがあります。当初は MMRC はなく，そうした学級文庫型の図書コーナーの利用が中心でした。子供のそばに本を置くという，開園以来の考え方に基づいたものです。つまりかつての玉川学園の図書館は，読書の充実に重点が置かれており，時代とともに調べ学習やラーニングスキルの育成に対応した図書館に変えていく必要性がありました。新しい図書館を立ち上げるときに MMRC の使命とも言える「MMRC は読解力育成とラーニングスキル育成の拠点である」という共通認識を管理職と共有できたことは，運営上とても大きな意味があったと思います。環境づくりや収集すべき資料，司書教諭やスタッフの役割や必要性も理解を得ることができています。

校長や管理職は，図書館運営の専門家ではない方が多いと思いますが，日常的な運営を理解してもらうために，日々の情報共有が重要だと思っています。全体計画や展示計画を作成することで，管理職や教職員の理解を得たり，指示やアドバイス，新たなアイデアをいただくことができます。相互によりよい学校図書館をつくっていくための参考資料として，全体計画や展示計画が役立つものになればと思っています。

資料4-1　年間計画の例（1）
2017年度　図書館教育全体計画

玉川学園 MMRC

1．ねらい（目標）
①読書指導を通じて，児童・生徒の読書意欲と読書習慣を育み，読解力と幅広い知識を身につける。
②利用指導を通じて，各種資料の特性を理解し，活用する力を身につける。学齢に応じたラーニングスキルを習得させ，各教科の学習活動で応用する力を養う。

2．重点施策
　ブックリスト「夢への扉」の活用のために学齢別読書記録ツールの利用を促進し，アニマシオン等による読書推進活動の方策を各ディビジョンと共に検討する。また，500冊を目標とする英語多読教材の重点的収集と運営にあたり，それを活用する英語科やIBとの連携を深める。さらに，K-12プロジェクト「思考力育成委員会」のメンバーとして，平成28年度「学びの技」が1年生から8年生まで年間各5時間実施できた実績を踏まえ，今後の「学びの技」の質的向上に様々な面から貢献する。

3．学年目標

	読書指導	読書ツールの活用「読書すごろく」幼稚部～2年生	利用指導
幼稚部	<u>保護者ガイダンス</u> ・保護者に対し絵本，知識絵本の選び方や，初級レベルの洋書の読み方を指導する <u>サマースクール</u> ・絵本を好きになる姿勢を育てる ・読み聞かせなど集団での読書に参加し，楽しむことができる ・読書習慣を形成するため継続的に働きかける		<u>保護者ガイダンス</u> ・保護者を通じて本の探し方などの利用指導を行い，家庭での読書習慣の重要性などを説明 <u>サマースクール</u> ・イベントを通じてMMRCに親しむ ・絵本，知識絵本の場所を理解する
	〈2年生〉 <u>2年生ガイダンス</u> ・ブックトークで「夢への扉」の本を知り，読書意欲を持つ		〈2年生〉 <u>2年生ガイダンス</u> ・図書館で本を借りるときのルールを理解する

学年	活動	読書ツール	読書ツールの活用・その他
低学年（1〜4年）	・読みたい本を自分で選び，友達に薦めることができる〈4年生〉**4年生利用**・日常的にMMRCに親しみ，読書を習慣づける（毎週水曜日に希望者を教員が引率してMMRCを集団利用する）〈共通〉**夢への扉コーナー**・ディスプレイ**低学年図書コーナー**・低学年校舎における図書コーナーの選書を通じて，書架の新陳代謝を図り，読書推進を行う	「読書通帳」3・4年生	・本を扱うときのマナーを身につける・絵本の並び順を理解する・本の並びが内容順に配架されていることを理解する〈3年生〉・百科事典（『ポプラディア』）の使い方を理解する・NDC（日本十進分類法）の概念を理解する・NDCや蔵書検索を通じて本を自分で探すことができる〈4年生〉・自由研究のためのレポートの基礎・テーマの作り方がわかる・調べるための本の探し方（目次，索引）・まとめ方・著作権，出典，参考文献
中学年（5〜8年）	〈5，6年生〉**ブックトーク（4月，7月）**・多様なジャンルの本を知り，読書の幅を広げる・やや長めの児童書，児童文学に移行できるよう段階的に読書のスタミナを養う〈IB7，8年生英語（読書）〉・レベルに応じた洋書案内（ブックトーク）を行い，洋書多読に取り組みやすくする〈共通〉・探究型学習の基礎となる読解力を養う	「読書通帳」「読書ノート」	〈6年生英語〉・本（洋書，和書）の探し方・オンラインデータベースの調べ方・プレゼンテーションの構成・スライドの保存，管理方法・発表の仕方〈7年生〉**7年生ガイダンス**・MMRCの利用ルールの理解・PCの使い方〈共通〉・MMRCユーザーズガイド配付

資料4-1　年間計画の例（1）　|　59

	・自分の読みたい本を選ぶことができる ・多様なジャンルの本に触れる ・読んだ資料をまとめ，人に伝えることができる ・図書委員会の指導，支援	
高学年（9〜12年）	〈9年生：「学びの技」〉 ・POP課題（POP（本の紹介ポスター）作成課題）：スタッフによるおすすめ本の紹介 ・ブックレビュー 〈IB9, 10年生〉 ・英語授業内での読書の導入：レベルに応じた洋書案内を行い，洋書多読に取り組みやすくする 〈共通〉 ・小説，新聞，論文，ノンフィクション，統計資料（グラフ），洋書など多様な資料を読みこなす力を身につける ・読んだ資料をまとめ，人に伝えることができる ・図書委員会の指導，支援	〈9年生：「学びの技」〉 ・各種メディアの情報探索指導 ・情報整理の指導 ・著作権，引用，参考文献 ・プレゼンテーションスキル指導 ・論文指導 〈10〜11年生：自由研究論文〉 ・論文指導講座 ・（〈9年生：「学びの技」〉の項目と同じ） 〈IB9〜10年生：History，11年生：EE（Extended Essay：IB11年生対象の課題論文（必修）），Guidance〉 ・各種メディアの情報探索指導 ・情報整理の指導 ・著作権，引用，参考文献 ・プレゼンテーションスキル指導 ・論文指導（MLA style（英語論文の代表的な表記法のひとつ））

4．年間利用計画
　　※展示，イベント企画は別途

前期	4月	時間割を受けてエリア予約表の確定（随時） 新入生ガイダンス：5年生（新中学年生），7年生，9年生（「学びの技」授業内），10年生（転編入生） 利用ガイダンス：幼稚部保護者（ブックトーク含む），4年生 利用指導（ラーニングスキル指導）：IB9, 10, 11年生，IB教員向け 4年生利用開始

前期	5月	中学年図書室開室，中学年図書委員へのガイダンス 和書，洋書選書・リクエスト対応，督促対応（以降毎月） 2年生「MMRC探検」（5月下旬） 「MMRCニュース」春号発行（年2回刊）
	6月	読書記録（すごろく，通帳など）の配付・広報 3年生「百科事典を使ってみよう」
	7月	5年生国語「ブックトーク」（友達，動物，戦争，もしも，偉人） 夏休み特別貸出（貸出期間を延長） 4年生「夏休みの自由研究講座」
夏休み	7月	サマースクール
	8月	夏休み閉館（広報，選書，洋書登録，PCメンテナンスなど）
後期	9月	ペガサス祭：MMRC実行委員会イベント
	10月	「MMRCニュース」秋発行（年2回刊）
	11月	探究型学習研究会：「学びの技」ポスターセッション 読書週間イベント
	12月	冬休み特別貸出（貸出期間を延長）
	正月	冬休み閉館
	1月	「学びの技」自由研究論文提出期限対応（印刷，PCトラブル対応）
	2月	蔵書点検開始
	3月	春休み閉館（3月中旬〜） 新任教員向けガイダンス

5．取り組みと注意事項

① MMRCユーザーズガイドの配付は5年生以上全員。4年間処分させないように指導をお願いする。
② 幼稚部保護者ガイダンスでは本の紹介と読書すごろくの使用方法を説明。洋書の利用案内を含む。
③ IB教員，生徒向けのガイダンスは詳細なラーニングスキル指導が求められる。
④ 2年生「MMRC探検」は来年改善点を反映させる。
⑤ 3年生「百科事典を使ってみよう」は外部講師への依頼を行うように低学年に働きかける。
⑥ ブックトークは早めに教科主任に依頼し日程調整を行う。
⑦ サマースクール企画は5月下旬ごろに低学年から依頼あり。6月中旬までに企画を固める。講座は将来的に授業への展開を想定して企画する。
⑧ 新任教員向けガイダンスは研修を担当する学園教学部へ事前に依頼。
⑨ 新年度の開・閉館日は可能性のある授業日をすべて洗い出して各部の教務主任に2月中に確認。

資料4-2 年間計画の例（2）

月	展示内容	展示期間	備考
4月	中島敦展 4月18日（火）〜5月18日（木）	4月中旬〜7月中	洋書多読コーナーのPR展示。洋書の多読のやり方や本のレベル分け展示。小中学生向けに英語多読すごろくなど自由に持って行ける用紙も用意。英語科の先生にひとことコメントをもらう。
	洋書多読展示	4月18日（火）〜5月18日（木）	神奈川近代文学館の「中島敦」パネル展示を借りて展示。
5月	部活に関連する本	5月中旬〜6月中旬	玉川学園にある部活の関連書籍やその部活が登場する小説などを展示。（年度末にブックリストにして全学年配布の準備を始める。）
6月	七夕	6月上旬〜7月7日（金）	七夕の短冊が書けるコーナーやキラキラリウム解説員とのコラボ展示。希望者には裏面に名前を書きカウンターに提出、栞に加工してプレゼント。
7月	自由研究本	7月上旬〜夏休み前	夏休みの自由研究に使える本の紹介。低学年向け。
8月	夏休み		9月以降の準備
9月	心と体にやさしい本 （自殺予防週間9月10日（日）〜16日（土）	9月上旬〜9月末	悩みを解決する本、哲学の本、子ども向けの自己啓発の本、写真集や絵本など。カウンセリングルームの紹介やヤカンセラーのおすすめ本展示など。
10月 11月	夏目漱石パネル展 10月3日（火）〜28日（土）	10月〜11月末	神奈川近代文学館のパネル貸出を依頼（国語科からのコラボ依頼）。11年生現代文『こころ』（10月〜11月頃）にあわせて展示。
	自由研究論文作成サポート展		論文の書き方の本、自由研究ノートのコーナー、今年の論文講座の日程などの告知。
12月	クリスマス企画：プレゼントされたい思い出の本・プレゼントされたい本	11月下旬〜12月下旬	本は譲れるものと贈りたいもの。過去にプレゼントされたことのある本なども思い出と共に募集。それらの本を展示。
1月	新年企画：おみくじ	1月上旬〜中旬	本のおみくじ。本を1冊以上借りた人がおみくじを引ける。
	新年企画：本の福袋	1月上旬〜中旬	本の福袋。1つのキーワードにつき3冊程度まとめている。20セット程度。
2月	節分企画：鬼展示	1月下旬〜2月3日（土）	鬼特集。鬼の出てくる絵本や物語、鬼伝説の民俗資料など。
	バレンタイン企画	2月5日（月）〜2月14日（水）	バレンタインに関する本、レシピ本やチョコレートに関する本。
3月	部活のためのブックリスト発行		4月配布に向けて準備。

※上記の展示予定ではあるが、状況によって変更の可能性あり。

資料4-3　年間計画の例（3）
学校図書館年間計画

		図書館経営	図書委員会		読書・学習支援	ボランティア
常時活動	毎日	○書架の整理 ○館内利用の世話 ○館外貸し出しと返本事務 ○学級文庫の管理	○委員会の日常活動の指導・見届け		○読書環境の整備 ○読書記録の指導 ○図書の充実 ○読書習慣の形成 ○必要資料の収集と整備 ○教科・関連資料・文献リストの作成 ○レファレンスサービス	
	毎月	○図書館便りの発行 ○未返却の催促 ○新刊図書の受け入れと紹介 ○図書分類・修繕 ○館内の整備	○話し合いと活動 ・環境づくり ・お話会の企画・準備・実施 ・新刊やおすすめの本のPR			
年間の活動	月		めあて	活動内容		
	4	○経営案・活動計画作成 ○読書指導計画 ○オリエンテーションの企画・実施 ○館内環境整備	○図書館の整理をしよう。 ○本の貸し出しの仕方を覚えよう。	○組織作り・役割分担	○読書コーナーの工夫 ○図書館でのやくそくや図書館マップの作成	○読み聞かせの打ち合わせ
	5	○課題図書の案内 ○図書購入と受け入れの計画・準備①	○館内でのマナーが守られているか点検しよう。 ○図書紹介ポスターを作り，読書を呼びかけよう。	○館内環境と読書推進のための活動	○担任による読み聞かせやブックトーク	○読み聞かせ
	6	○新着図書のリスト公表 ○読書月間	○おもしろい本や感動した本を紹介しよう。 ○下学年の友達に本の読み聞かせをしよう。	○新着図書やおすすめの本の紹介，テーマ別展示 ○読み聞かせや図書館クイズの実施	○配架やラベルに関するクイズづくり ○おすすめの本の紹介・展示	○読み聞かせ
	7	○図書照合 ○図書修理・蔵書点検 ○読書指導	○夏休みの貸し出しに力を入れよう。	○夏休み前の本の貸し出し	○おすすめの本の紹介・展示 ○一学期の読書活動のふりかえり	○読み聞かせ
	8・9	○図書館の環境整備・蔵書点検 ○図書の廃棄 ○読書感想文の応募	○本を大切に扱うように呼びかけよう。	○役割確認 ○図書修理	○おすすめの本の紹介・展示 ○感想文の書き方指導	○読み聞かせ
	10	○読書月間 ・読書月間の実施 ・おすすめの本の紹介 ○本大好き賞の表彰	○図書集会を成功させよう。	○図書集会の実施・準備 ○後期委員会の組織作りと役割分担	○読書月間への取り組み	○読み聞かせ
	11	○読書月間の反省	○おもしろい本や感動した本を紹介しよう。	○図書集会の反省 ○新着図書やおすすめの本の紹介，テーマ別展示	○おすすめの本の紹介・展示	○読み聞かせ
	12	○図書照合 ○図書修理・蔵書点検 ○読書指導	○冬休みの貸し出しに力を入れよう。 ○図書の整理をしよう。	○特集コーナーの設置	○おすすめの本の紹介・展示 ○二学期の読書活動のふりかえり	○読み聞かせ
	1	○学校図書館活用計画・委員会活動計画の見直し	○心に残る本を紹介しよう。	○読書カードから紹介し合う	○心に残る本の紹介指導	○読み聞かせ
	2・3	○図書照合 ○図書修理・資料整備 ○読書指導 ○本大好き賞の表彰 ○学級文庫の修繕 ○図書の廃棄・蔵書点検	○図書館の整理をしよう。	○一年間のまとめと反省 ○図書館内の整理点検	○一年間の読書活動のふりかえり	○今年度の活動のふりかえり

(http://www.edu.city.nikaho.akita.jp/~kisakata-e/kenkyu/H24kenkyu/kenkyubukeikaku/toshokankyouiku/24nenkankeikaku.pdf，(参照2017-09-07).)

資料4-4　年間計画の例（4）
平成22年度　学校図書館利用指導計画（学級活動）

	4月～5月	6月～7月		11月～12月
一年	こんにちは　としょかん！ ・図書館は本を借りたり読んだりするみんなの教室であることを知り、マナーを知り、親しみを持つことができる。	本はどうやってかりるの？ ・図書館での本の借り方、返し方がわかり、自分で本を借りる手続きができる。	読む読む祭りの準備をしよう！	いろいろな本をさがそう！ ・調べ学習をすることで、いろいろな本があることを知り、興味・関心を広げる。
二年	課題にあった本をさがそう！ ・図書館の決まりや使い方を確認し、疑問を解決するためにどんな本が必要か探してみる。	図かんってなあに？ ・いろいろな図鑑の初歩的な調べ方がわかる。		本はどうならんでいるの？ ・同じ種類の本は同じ棚にそろえて並べてあることに気付き、いろいろなジャンルの本に興味・関心を広げる。
三年	図書館の本の並び方の秘密をさがそう！ ・館内の掲示を手がかりに本をさがすことができる。	図鑑を使おう！ ・図鑑の種類や構成がわかり、自分で使うことができる。		本の区分を知ろう！ 本は大きく分けて10区分になっていることと、2・4・9分類にはどんな本があるかを知ることができる。
四年	日本十進分類法の仕組みを知ろう！ ・NDCの分類構成の大体を知り、請求番号と配架の関係を理解することができる。	百科事典を調べよう！ 50音順、ジャンル別百科事典の使い方を知る。 （目次・索引）		インターネットで調べよう！ インターネットの利用法がわかる。
五年	図書館の正しい利用の仕方を知ろう！ ・図書委員会の仕事の内容を理解し、高学年として上手な利用の仕方がわかる。	年鑑で調べよう！ 年鑑や統計資料の意味、利用方法がわかり、目的に応じた利用の仕方を知ることができる。		ファイル資料づくりをしよう！ ・ファイル資料の種類や利用方法を知り、学習に役立つファイル作りをすることができる。
六年	図書の構造を知ろう！ ・図書の構造について理解することができる。	目的にあった情報の選び方を知ろう！ 自分の必要な情報収集の方法を知ることができる。 ・百科事典　・図鑑 ・国語辞典　・漢和辞典 ・年鑑　・統計資料 ・伝記　・インターネット　等		書目リストを作ろう！ ・書目リストの形式や作成方法を理解し、初歩的な調査研究に利用しようとすることができる。

第5章

学校図書館スタッフの現状と役割，研修

　本章は，学校図書館のスタッフに関連する事項を解説する。
　本書第3章1で見たとおり，司書教諭と学校司書について，学校図書館法はそれぞれ次のとおり規定している。

　　　学校には，学校図書館の専門的職務を掌らせるため，司書教諭を置かなければならない。（5条1項）

　　　学校には，前条第一項の司書教諭のほか，学校図書館の運営の改善及び向上を図り，児童又は生徒及び教員による学校図書館の利用の一層の促進に資するため，専ら学校図書館の職務に従事する職員（次項において「学校司書」という。）を置くよう努めなければならない。（6条1項）

　広い意味では，学校図書館に関する実務のすべてを司書教諭もしくは学校司書のいずれかまたは両者が担う，と考えることができるかもしれないが，本章では，それぞれに特有の職務について考えてみよう。
　まず，そもそもなぜ司書教諭と学校司書という2つの職種を学校図書館に配置するのかという点から始めて，従来どのように考えられてきたか，近年はどう考えられているかなどについて述べる。その後，学校図書館のボランティアや自己研鑽，研修についても解説する。
　現場の実情に迫るため，現職の学校司書への取材を行った。その内容をインタビュー記事にして章末に収録したので，それも参考にしてほしい。

1．司書教諭と学校司書

（1）そもそもなぜ2職種を配置するのか？

　本書は，司書教諭や学校司書の資格科目の教科書になることや，現職の司書教諭や学校司書などが学校図書館についてあらためて学ぶ際のテクストになることを意図している。ところで，そもそもなぜ単一の職種でなく，司書教諭と学校司書という2職種があるのだろうか？

　結論から言えば，歴史的な経緯が背景にある。本書第3章1と重複する部分が少しあるが，それを見ていこう。

　1953（昭和28）年の学校図書館法制定当初，「学校には，学校図書館の専門的職務を掌らせるため，司書教諭を置かなければならない」（5条1項）としたものの，「当分の間」司書教諭の配置を猶予できる規定があった（この時点では，学校司書に関する規定は存在しなかった）。「当分の間」とは10年の予定だったが[1]，実際は法制定から40年以上たった1997（平成9）年にその規定が改正され，司書教諭は2003年度から必置とされた。この改正以降も，政令で定める規模以下の学校では，当分の間，司書教諭を置かないことができると附則で定めており，現在もそのままである。

　文部科学省の「学校図書館の現状に関する調査」によれば，2016年4月時点で，司書教諭が発令されている学校は小中高校等37,979校のうち26,022校にのぼっている[2]。一方，司書教諭を必置とする1997年の法改正前は，司書教諭の発令者数は全国で500人あまりにすぎなかった[3]。

　司書教諭の配置が義務でなかったころから，学校図書館の仕事を担当する事務職員が置かれる場合があり，その職員を学校司書と呼ぶようになった（文部

1：文部省広報課「第十六国会成立法案を見る」『文部広報』1953年, no. 60, p. 2.
2：文部科学省．"平成28年度「学校図書館の現状に関する調査」の結果について"．http://www.mext.go.jp/a_menu/shotou/dokusho/link/1378073.htm,（参照 2017-09-07）．
3：文部省大臣官房調査統計課『学校基本調査報告書：初等中等教育機関 専修学校・各種学校』1996年, p. 53, 120, 287, 315, 338, 366, 401.

科学省の文書では学校図書館担当職員などと呼ばれてきた）。文部科学省の上記調査によれば，法改正（学校司書の法制化）直前の2014年5月時点で，全国の学校司書数は常勤，非常勤を合わせて21,302人にのぼっていた（本書執筆時点での最新の統計（2016年4月時点）では22,262人）[4]。2014年6月，学校図書館法の一部を改正する法律が成立し，学校司書が初めて法律上に位置づけられた。

「世界に例のない試み[5]」である学校図書館への2職種配置には，上のような経緯がある。すなわち，はじめから両者の並置が計画的に構想されていたり，学校図書館法において役割分担が図られていたわけではないのである。塩見は，ある著書のなかで次のように指摘している（下線部筆者）[6]。

> ［司書教諭の］空白部分を埋めるべく，地域や学校現場でいろいろ苦労して生み出したのが，資格を問わない学校司書と呼ばれる人たちである。［中略］司書教諭の本来果たすべき役割の代わりとも言いきれないし，学校図書館の仕事をしてくれる人というあいまいなレベルでの認識しか与えられてこなかったのが大方である。お互いの違いなどおよそ意識されることもなく，とにかく図書館には人が必要だ，という認識が学校司書を生み出した。そういう歴史的な経緯のなかでつくりだされたのが両者の並任という結果であり，それは決して理論的にぜひともそうあるのが必要だとして構想されてきたわけではない。

（2）司書教諭と学校司書の職務：従来どう考えられてきたか？

上のような経緯があるとはいえ，両者の職務の違いについては文部科学省，図書館情報学の研究者，現場の学校図書館担当者，それぞれの視点から考えら

4： 文部科学省．"平成26年度「学校図書館の現状に関する調査」の結果について". http://www.mext.go.jp/a_menu/shotou/dokusho/link/1358454.htm，(参照 2017-09-07)．
　 文部科学省．"平成28年度「学校図書館の現状に関する調査」の結果について". http://www.mext.go.jp/a_menu/shotou/dokusho/link/1378073.htm，(参照 2017-09-07)．
5： 中村百合子編『学校経営と学校図書館』樹村房，2015年，p.154．
6： 塩見昇『学校図書館職員論：司書教諭と学校司書の協同による新たな学びの創造』教育史料出版会，2000年，p. 179（下線部筆者）．

れてきた。例えば，学校司書の役割に関して，文部科学省関連の文書が次のとおり説明したこともある。なお，以下で「学校図書館担当職員」，「学校図書館担当の事務職員」とあるのは学校司書のことである。

　「学校図書館担当職員」とは，学校図書館資料の発注，帳簿記入，分類作業，修理・製本，経理，図書の貸出・返却の事務等に当たる職員をいい，教諭やボランティアを除く[7]。

　学校図書館担当の事務職員は，図書館サービスの提供及学校図書館の庶務・会計等の職務に従事しているものであり，その役割は，司書教諭の役割とは別個のものであることに留意すること[8]。

　後者は1997年の通知であるが，「役割は別個」と明記した背景には，同年の法改正で司書教諭の配置が義務になることを受けて，学校司書が職を失う結果にならないよう配慮した面もあると思われる。ちなみに2014年の法改正（学校司書の法制化）の際も，11学級以下の学校における司書教諭の配置の促進を政府および地方公共団体が図る旨，衆参両議院において附帯決議がなされている（本書第3章1）。学校司書が置かれることによって司書教諭の配置が阻害されることがないようにとの意図があると推察される。

　『司書教諭・学校司書のための学校図書館必携』（改訂版，全国学校図書館協議会監修，2017年）によると，学校図書館の職務は経営的職務，技術的職務，奉仕的職務，教育指導の職務の4分野に大まかに分かれる。経営的職務と教育指導的職務を主に担うのが司書教諭であり，技術的職務と奉仕的職務を主として担当するのが学校司書である。そのように述べたうえで，上の4分野の主たるものとして，それぞれ次の諸点を挙げている[9]。細部に相違はあるものの，司書

7：文部科学省．"平成20年度「学校図書館の現状に関する調査」結果について"．http://www.mext.go.jp/a_menu/shotou/dokusho/link/1368678.htm，(参照2017-09-07)．
8：文部省初等中等教育局長．"学校図書館法の一部を改正する法律等の施行について（通知）"．文部科学省．http://www.mext.go.jp/a_menu/sports/dokusyo/hourei/cont_001/012.htm，(参照 2017-09-07)．

教諭と学校司書の職務について，文部科学省関連の上述の文書も含め，おおむね同様に説明する文献がこれまで多かった。

〈経営的職務〉
①学校図書館経営の目標・重点の立案
②中・長期および年間の学校図書館経営計画の立案とその実施
③学校の総合的な教育計画の立案とその展開への協力
④学校図書館の諸規程・基準の立案
⑤運営にかかわる諸業務
⑥校内外諸機関との連絡・調整，研修活動

〈教育指導的職務〉
①図書館活用指導や情報活用指導などに関する計画立案と実施
②教育課程の編成や展開への支援
③学校図書館メディアの活用にあたっての助言や指導
④児童や生徒組織としての図書委員会の指導

〈技術的職務〉
①学校図書館メディアの収集・発注・検収・受入
②学校図書館メディアの分類・排架（書架への排列）
③学校図書館メディアの修理・整理
④学校図書館メディアの点検・除籍

〈奉仕的業務〉
①学習の支援
②資料提供
③レファレンスサービス・読書相談

9：全国学校図書館協議会監修『司書教諭・学校司書のための学校図書館必携：理論と実践』改訂版，悠光堂，2017年，p. 110-113.

④広報活動

（3）司書教諭と学校司書の職務：近年はどう考えられているか？

　近年，学校司書の職務が従来よりも拡大され，教育指導的職務にまで及ぶと考えられるようになってきている。

　2009年3月，文部科学省が設置していた「子どもの読書サポーターズ会議」が『これからの学校図書館の活用の在り方等について（報告）』（以下『報告2009』）[10]を発表した。そのなかで，司書教諭は，学校図書館の運営を総括し，学校図書館を活用した教育活動を企画・指導し，教育課程の編成・展開に関する他教員への助言などを行うとした[11]。学校司書は，「図書の貸出，返却，目録の作成等の実務のほか，資料の選択・収集や，図書の紹介，レファレンスへの対応，図書館利用のガイダンスなど，専門性を求められる業務において大きな役割を担っている例が少なくない[12]」と述べ，また，学校図書館の運営にかかる専門的・技術的業務や実務を担うほか，学校図書館を活用した教育活動に協力・参画するとした[13]。

　より最近の文献は，さらに踏み込んでいる。『報告2009』の後，学校司書法制化の検討が本格化しはじめた2013年，学校図書館担当職員に求められる役割・職務およびその資質能力の向上方策について国として取りまとめることを目的として，「学校図書館担当職員の役割及びその資質の向上に関する調査研究協力者会議」が発足した。同会議の最終報告書である『これからの学校図書館担当職員に求められる役割・職務及びその資質能力の向上方策等について（報告）』（2014年3月。以下『報告2014』）[14]は次のとおり明記し，従来の技術的職務や奉仕的職務だけでなく，教育指導的職務に学校司書がかかわっていくべきとした。なお，以下で「学校図書館担当職員」とあるのは学校司書のことであ

10：子どもの読書サポーターズ会議『これからの学校図書館の活用の在り方等について（報告）』2009年，20p. http://www.mext.go.jp/a_menu/shotou/dokusho/meeting/__icsFiles/afieldfile/2009/05/08/1236373_1.pdf，（参照 2017-09-07）．
11：『報告2009』別紙2「学校図書館の専門スタッフとボランティアの役割分担例改訂」．
12：『報告2009』p. 18．
13：『報告2009』別紙2「学校図書館の専門スタッフとボランティアの役割分担例改訂」．

る。

> 学校図書館担当職員は，学校図書館を運営していくために必要な専門的・技術的職務に従事するとともに，<u>学校図書館を活用した授業やその他の教育活動を司書教諭や教員と共に進める</u>[15]。

> 学校図書館担当職員は，図書館資料の管理，館内閲覧・館外貸出などの<u>児童生徒や教員に対する「間接的支援」や「直接的支援」に加え，各教科等の指導に関する支援など「教育指導への支援」に関する職務を担っていくことが求められる</u>[16]。

『報告2014』は，上記のとおり述べたうえで，こうした役割を学校司書が担っていくためには，学校図書館の「運営・管理」と児童生徒に対する「教育」との両面にわたる知識・技能を習得することが求められることや，体系的な研修の実施，学校司書を支援するための体制構築などを提言している。

また，例えば次のように，司書教諭と学校司書の協働を強調している点，協働のあり方にはさまざまなものがありうると書いているように読める点が注目される。

> 学校図書館の経営・運営に関する方針や，利用指導・読書指導・情報活用に関する各種指導計画等は，教育課程とどのように結びつけるのかということが重要である。したがって，一般的には，教育指導に関する専門的知識等を有する司書教諭がその立案・取りまとめに従事し，学校図書館担当職員は，図書館資料とその利活用に関する専門的知識等に基づき，必要

14：学校図書館担当職員の役割及びその資質の向上に関する調査研究協力者会議『これからの学校図書館担当職員に求められる役割・職務及びその資質能力の向上方策等について（報告）』2014年，63p. http://www.mext.go.jp/b_menu/shingi/chousa/shotou/099/houkoku/1346118.htm，(参照 2017-09-07)．
15：『報告2014』p. 7，下線部筆者．
16：『報告2014』「報告のポイント」，下線部原文．

な支援を行うという形態が想定されるが，実際には両者は協働して当たることが求められる[17]。

　　司書教諭と学校図書館担当職員は，それぞれに求められる役割・職務に基づき，連携・協力を特に密にしつつも，具体的な職務分担については，各学校におけるそれぞれの配置状況等の実情や学校全体の校務のバランス等を考慮した柔軟な対応も必要となる[18]。

　渡邊は，『報告2014』での学校司書の職務内容は，「学校司書の「教育」分野への職務の広がり」へとつながるものであり，また，「学校図書館での協働関係のありようの再検討を迫るもの」であると指摘している[19]。

　『報告2014』の後，学校図書館の運営にかかる基本的な視点や，学校司書資格・養成などのあり方に関して，関係者が共有するための一定の指針を得るため，「学校図書館の整備充実に関する調査研究協力者会議」が2015年6月から2017年3月まで設置され，学校図書館の整備充実に関する調査研究を行った。その報告書である『これからの学校図書館の整備充実について（報告）』（2016年10月．本書第3章1）[20]も，上の方向性を継承している。

　司書教諭と学校司書の職務の今後を考える際の参考にするために，本節の最後に，識者の発言を見ておきたい。

　塩見は，著作のなかで次の趣旨の提言をしている。すなわち，学校図書館の働きを学校に必須のものと捉え，それを具体化するための専門的な職務を担う職員が学校司書であり，図書館の専門職員としての専門的知識・技能と，学校の教職員であるための専門性を併せ持つことが必要である。一方，司書教諭に

17：『報告2014』p. 8．
18：『報告2014』p. 8．
19：渡邊重夫『学校経営と学校図書館』青弓社，2015年，p. 39-40．
20：学校図書館の整備充実に関する調査研究協力者会議『これからの学校図書館の整備充実について（報告）』2016年，36p．
　　http://www.mext.go.jp/component/b_menu/shingi/toushin/__icsFiles/afieldfile/2016/10/20/1378460_02_2.pdf，（参照 2017-09-07）．

最も強く期待される役割は「学校図書館の専門的職務」においてではなく，学校図書館を学校教育全般のなかで利活用する状況をどうつくりだすかという運営・経営的な側面や，よく整備された学校図書館を機能させ，学校教育がその教育力を高めうることを具体化する条件・環境整備である[21]。

渡邊は，司書教諭の職務であると従来されていた領域（教育指導的職務）に学校司書の職務が拡大してくると，司書教諭の職務があらためて問い直されることになる旨を述べたうえで，司書教諭の今後の役割として，学校図書館の意義と目的を全校的に明らかにし，全教職員の理解を深めること，教育課程の編成に協力し，その展開を支援すること，学校図書館メディア活用能力の指導計画を立案し，全校的な実施に努めることなどを挙げている[22]。

学校司書の職務については，本章末のインタビュー記事もぜひ参照してほしい。

（4）司書教諭と学校司書の現状：データから

学校図書館法の1997年改正で，司書教諭は2003年度から必置となったものの，学級数が11以下の学校では，当分の間，司書教諭を置かないことができるとされた。また，同法の2014年改正によって学校司書が法律上に位置づけられたが，学校には学校司書を置くよう努めなければならないとされたのであって，義務ではない（本書第3章1）。こうした背景があり，司書教諭や学校司書は現状，すべての学校にいるわけではない。以下，文部科学省の「学校図書館の現状に関する調査」[23]などをもとに，司書教諭と学校司書に関するデータを見てみよう。

①司書教諭

2016年4月時点で，司書教諭は12学級以上のほとんどの学校で発令されてい

21：塩見昇『学校図書館の教育力を活かす：学校を変える可能性』日本図書館協会，2016年，p. 148-151.
22：渡邊重夫『学校経営と学校図書館』青弓社，2015年，p. 41.
23：文部科学省. "平成28年度「学校図書館の現状に関する調査」の結果について". http://www.mext.go.jp/a_menu/shotou/dokusho/link/1378073.htm，(参照 2017-09-07).

る。一方，11学級以下の学校も含めた全体の状況を見ると率が下がる。司書教諭が発令されている学校は，前述（本節（1））のとおり，小中高校等37,979校のうち26,022校（68.5%）である。学校種別ごとに見ると，高等学校では4,927校のうち4,165校（84.5%）にのぼるものの，小学校では19,945校のうち13,557校（68.0%），中学校では10,255校のうち6,663校（65.0%）にとどまる。

　また，司書教諭の発令率は都道府県ごとに差がある。例えば鳥取県は，学級数が11以下でも，すべての公立小中高校で司書教諭を発令している。

　留意すべきなのは，司書教諭の発令自体はされていても，活動時間の確保が難しい実態があることである。全国SLAの「学校図書館調査」では，「司書教諭に時間確保がありますか」という問いに対し，あると回答した学校の割合は10%をやや超える程度である[24]。正確に言えば，調査に回答した学校のうち10%をやや超える程度であり，調査に回答しなかった学校には，学校図書館の活動が活発とは言えない学校が多く含まれている可能性もあるため（あくまで可能性であるが），日本の学校全体では，さらに少ないかもしれない。

　また，「学校図書館の現状に関する調査」によれば，司書教諭の授業時間数を軽減している学校数の割合は，全体で11.6%にとどまる。司書教諭が学校図書館を担当している時間数は，平均で週2時間を少し超えるのみである[25]。

　学校図書館に専任の司書教諭を置く一部の学校以外では，学級運営や教科指導，部活動などで忙しく，学校図書館にまで手が回りづらい司書教諭の実態が推測できる。

②学校司書

　2016年4月時点で，学校司書を配置している学校は小中高校等37,979校のうち21,370校（56.3%）にとどまる。学校種別ごとに見ると，小学校では19,945校のうち11,803校（59.2%），中学校では10,255校のうち5,969校（58.2%），高等学校

24：全国SLA調査部「2016年度学校図書館調査報告」『学校図書館』2016年, no. 793, p.43-67.
25：インターネット上に公表されている調査結果には2.2時間などとだけ書かれている。文部科学省初等中等教育局の児童生徒課に2017年9月に電話にて確認したところ，週あたりの数字とのことである。

では4,927校のうち3,279校（66.6％）である。司書教諭と同様，学校司書の配置率は都道府県ごとに差がある。

　常勤の学校司書が全国で7,572人にとどまる一方，非常勤の学校司書は14,690人にのぼる。学校司書を配置している学校のうち，常勤の学校司書を配置しているものの割合は，高等学校では82.6％であるが，小学校では21.0％，中学校では28.7％にすぎない。

　また，非常勤の学校司書は曜日別に複数校を掛け持ちしていたり，週に2～3日だけ勤務している例もある。任期があり，学校図書館で働き続けるためには数年ごとに採用試験を受け直さねばならない場合もある。常勤に比較して給与も低い。学校司書を雇用するための財源に制約があるので，すぐに全面的に解決するのは困難だろうが，優秀な人材の確保や学校図書館の充実（ひいては学校教育の充実），学校司書の生活といった点からは，常勤よりも非常勤の学校司書が多い現状は問題である。この点の改善を訴える声は昔から多く，例えば2010年から2011年まで文部科学省に設置された「国民の読書推進に関する協力者会議」の報告書でも，司書教諭を11学級以下の学校にも必置とし，専任化することなどに加えて，学校司書の配置や常勤化の推進について検討すべきであるとしている[26]。

③その他

　「司書教諭や学校司書がいれば，日々の運営で中心的役割を果たしうるが，いない学校の場合［中略］，係り教諭が学校図書館運営の中心になる」と本書第4章2．（2）で述べた。2016年4月時点で，小中高校のなかで，司書教諭と学校司書の両方がいる学校は全体の45.6％である一方，司書教諭も学校司書もどちらもいない学校が全体の約16.3％にのぼり，無視できない割合である（表5-1）。

26：国民の読書推進に関する協力者会議編『人の、地域の、日本の未来を育てる読書環境の実現のために』文部科学省生涯学習政策局社会教育課，2011年，p. 13. http://www.mext.go.jp/b_menu/houdou/23/09/__icsFiles/afieldfile/2011/09/02/1310715_1_1.pdf，(参照 2017-09-07).

また，司書教諭の発令がなされていても，活動時間の確保が実際は難しいことを上の①で見た。さらに，上の②で述べたように，非常勤の学校司書が多い現状にも，さまざまな問題がある。つまり，表5-1の「司書教諭発令あり，学校司書配置なし」の23.8％，「司書教諭発令なし，学校司書配置あり」の14.3％のケースにも―もっと言えば，「司書教諭発令あり，学校司書配置あり」の45.6％のケースにすら―，図書館の実情が十分とは言えない学校が含まれていそうである。

全国SLAによる調査では，学校図書館担当の教職員数（司書教諭や学校司書も含め，校務分掌で学校図書館担当になっている教職員の数という意味である[27]）の平均は小中学校で約2人，高等学校で3人程度という結果も出ている[28]。少ない人数で学校図書館を運営している状況が一般的だと言える。

表5-1　小中高校における司書教諭，学校司書配置状況別学校数（2016年4月）[29]

	司書教諭，学校司書配置状況別学校数			
	司書教諭発令あり 学校司書配置あり	司書教諭発令あり 学校司書配置なし	司書教諭発令なし 学校司書配置あり	司書教諭発令なし 学校司書配置なし
小学校	8,730	4,827	3,073	3,315
中学校	4,351	2,312	1,618	1,974
高等学校	2,945	1,220	334	428
合計（合計に占める％）	16,026 (45.6％)	8,359 (23.8％)	5,025 (14.3％)	5,717 (16.3％)

27：2017年10月，全国SLAに電話にて確認した。
28：全国SLA調査部「2016年度学校図書館調査報告」『学校図書館』2016年, no. 793, p.46.
29：以下をもとに作成：文部科学省. "平成28年度「学校図書館の現状に関する調査」の結果について". http://www.mext.go.jp/a_menu/shotou/dokusho/link/1378073.htm, (参照 2017-09-07).

2．ボランティア

　保護者や地域住民のボランティアを学校図書館で受け入れるケースがある。文部科学省の「学校図書館の現状に関する調査」によれば，2016（平成28）年3月時点で，ボランティアを活用している公立学校の割合は，小学校で81.4％，中学校で30.0％，高等学校で2.8％である[30]。

　ボランティアの活動は，貸出・返却をはじめ，新着資料の装備（蔵書印を押したり，図書ラベルを貼付したりする作業），書架整理，破損した資料の修理，布の絵本[31]やさわる絵本[32]の作成，読み聞かせ，ブックトーク，学校図書館の展示や飾り付けなどがありうる。

　ボランティアには，児童生徒やその家族などについて知りえた個人情報を他人に漏らさないこと，体罰やハラスメントにつながる行為は厳禁であること，その他学校の方針を周知徹底する。

　積極的にボランティアを導入している事例のひとつに，東京都八王子市がある。同市では2010年度から「学校図書館サポート事業」を開始し，学校図書館活性化のための支援を行っている。その一環としてボランティアの配置を進めている。研修も実施している[33]。

30：文部科学省．"平成28年度「学校図書館の現状に関する調査」の結果について". http://www.mext.go.jp/a_menu/shotou/dokusho/link/1378073.htm，(参照 2017-09-07)．
31：厚地の台布に，絵の部分をアップリケし，マジックテープやスナップ，ボタン，ファスナー，紐で留めたり，外したり，結んだりできるようにし，文の部分を手書きした，絵本と遊具の性質を兼ね備えた手作り図書（日本図書館情報学会用語辞典編集委員会編『図書館情報学用語辞典』第4版，丸善，2013年，p. 193）．
32：視覚障害児が触覚で鑑賞できるように，絵本を原本にして，布や皮革，毛糸などの素材を用いて，台紙に絵の部分を半立体的に貼りつけ，文の部分を点字と墨字［点字に対して，普通に書かれた文字］にした図書（日本図書館情報学会用語辞典編集委員会編『図書館情報学用語辞典』第4版，丸善，2013年，p. 86-87）．
33：八王子市．"学校図書館サポート事業". http://www.city.hachioji.tokyo.jp/kurashi/kyoiku/003/004/006/p004742.html，(参照 2017-09-07)．

3．自己研鑽，研修

　変化の激しい現代にあって，司書教諭や学校司書の資格を取得したのちも，折に触れて最新の知識を身につけていきたい。その方法には，個人の自己研鑽(けんさん)や校内外での研修がある。

　学校図書館に関しては，全国規模の学協会がある。それらが主催する行事に参加したり，機関誌を購読することで，タイムリーな知識・技術を身につける助けになる。全国規模の団体には，地区ごとに支部があるものもある。

　主な学協会などを以下に挙げる。それぞれのウェブサイトを見れば，設立趣旨や機関誌，行事予定などを確認することができる。行事には個人として参加するか，場合によっては，校外研修の一環として参加できるかもしれない。

- 全国学校図書館協議会（全国SLA）
- 日本図書館協会
- 学校図書館問題研究会
- 学校図書館を考える全国連絡会
- 日本学校図書館学会
- 日本図書館情報学会
- 日本図書館研究会
- 三田図書館・情報学会

　自己研鑽には，上記の学協会の行事や機関誌を利用するだけでなく，学校図書館に関する書籍を読む，近隣の学校の司書教諭や学校司書同士で勉強会を行うといったやり方があるだろう。「学校図書館を考える会」や「連絡会」などの名称の，関係者のネットワークがある地区や自治体もある。

　校内外の研修では，必要に応じて司書教諭や学校司書のほかに係り教諭，ボランティア，その他関係者が参加して，学校図書館の基本業務や最新の話題，著作権法や個人情報保護などを学びたい。有識者を講師に招くこともあるだろ

うし，司書教諭や学校司書がみずから講師になることもあろう。研修の講師を務めることは自己研鑽にもなる。

本節では参考までに，自己研鑽や研修の資料として，さらには司書教諭や学校司書の資格取得をめざす読者にも参考になりそうなウェブサイトを紹介しておく。URL の参照はいずれも2017年9月である。

- 先生のための授業に役立つ学校図書館活用データベース（http://www.u-gakugei.ac.jp/~schoolib/htdocs/）
東京学芸大学学校図書館運営専門委員会が運営している。学校図書館を活用した授業実践をデータベース化している。
- SLiiiC（http://www.sliiic.org/）
読みは「スリック」。学校図書館支援を目的とした任意団体のウェブサイト。図書の補修やサイン表示，各種事例を紹介している。利用にはユーザー登録が必要なコンテンツもある。

以上のほか，本書で言及している各文献（脚注や，巻末の文献案内を含む）も活用してほしい。

4．【インタビュー記事】学校図書館の現場（2）：学校司書と教育

本章1．(3) で述べたように，近年，学校司書の職務が従来よりも拡大され，教育指導的職務にまで及ぶと考えられるようになってきた。現場の実情に迫るため，「学校司書と教育」を主たるテーマに，埼玉県立春日部女子高等学校で学校司書を務める木下通子さんにお話を伺った。

教員への PR やサポート

――木下さんは，各教科の先生方と協働することが多いと伺いましたが？

木下　そうですね。埼玉県は，専任・専門・正規という条件で学校司書を配置

している30年以上の歴史があるんですよ。係り教諭の先生も，司書教諭の先生も，図書館のことは司書さんにという意識が高いんです。

——各教科の先生といっしょに授業をするために，事前にどんなことを？
木下 「図書館を授業で使いたい」と先生が言ってきた場合はいいんです。ところが，図書館を使った授業というのは，まだまだ敷居が高いので，こちらからPRしていかなくてはいけません。例えば，生徒自身が調べものをする調べ学習は，評価の問題もあり，難しいと先生が感じることがあります。そういうときには，調べ学習以外でも図書館は利用できますよと呼びかけます。学校司書が保育の授業で絵本の読み聞かせ（本書第8章4）を実演したり，授業の導入やまとめのときにブックトーク（本書第8章4）をしたり，という具体例をお伝えします。本校では，ジグソー法[34]を使っての授業展開もしているので，そういう授業にも図書館は対応しますとPRします。転勤してきた先生方にも図書館オリエンテーションを行っているので，そういうときに紹介します。

実際に，授業で図書館を使ってみようと先生が図書館にいらしたときには，私から先生に授業の内容や授業のねらいについて，いろいろと質問します。

——実際に先生といっしょに授業をする際のポイントは？
木下 目的に合わせて資料をそろえたり，司書の技術を提供するのが大事だと思っています。こうした方がよいと私がいくら思っても，先生がそれを求めていなければ必要がないことなので，そこは絶対外さない。先生のねらいに合わせてのサポートをすることを大事にしています。

調べることよりもプレゼンテーションを生徒にやらせたいと先生が思って

34：ジグソー法（この場合，知識構成型ジグソー法）とは，授業のテーマについて，複数の異なる視点で書かれている資料をグループに分かれて読み込み，自分なりに納得できた範囲でほかのグループに説明し，交換した知識を組み合わせてテーマに対する理解を深め，テーマに関連する課題を解決する活動を通して学ぶ，協調的な学習方法のひとつである。狩野永治．"知識構成型ジグソー法を活用した授業展開：学習者の活動を中心とした授業づくり"．http://www.jikkyo.co.jp/contents/download/9992656673，(参照 2017-09-07)．

らっしゃる場合もあります。本当は，埼玉県の場合は，相互協力協定を学校間で結び，近隣の高校から本を借りるようなシステムをつくっています。もし，調べることに力を入れるような授業だったら，勤務校の資料だけじゃなくて近くの学校から本を借りてきたりして，関連書籍を何冊でも，100冊でも200冊でもそろえることもできるんですけど。今回はそのことよりもプレゼンテーションに力を入れているということであれば，そちらのサポートをします。

　授業で利用したいと言われて，資料が足りなければ書店に買いに行ったり，ほかの図書館から借りて，こういう本はいかがですかとご紹介する。先生から，これはちょっと違うなあと言われたら，別の本をご紹介する。私がいい本だと思ったり，これを伝えたいと思っても，授業者は先生なのでそこは口を出さない。でも，学校司書は本の専門家であるという信頼関係が学校のなかでできているので，「授業のなかでこの本も紹介していいですか？」と聞くと，いいですよとなります。

　ジグソー法やKJ法[35]といった技法を先生が授業で使う場合もあります。それらの技法を学校司書も知っておく必要があります。授業が終わって，ここを先に説明した方がよかったかもという意見交換をすることもあります。

――最近の傾向として，学校司書の職務が従来よりも拡大され，教育指導的職務にまで及ぶと考えられるようになってきています。でもお話を伺うと，木下さんとしては，すでにやっていたぞという感覚ですかね。

木下　そうです。専任で学校司書としての専門的な勉強をしてきた人は，すでにやってきていたと思います。文科省がそういうのを言い出したのは，司書教諭が充て職[36]で図書館の仕事がじっくりできず，図書館としての機能が果たせ

35：カード化された多くの意見やアイデアをグループ化し，論理的に整序して問題解決の道筋を明らかにしていくための手法。文化人類学者の川喜田二郎が考案した。
36：充て職とは，ある職に就いている人にほかの職を兼任させること。一般に，図書館の世界で「司書教諭が充て職である」と言う場合，単に兼任であることを指すにとどまらず，学級担任や教科担任などで忙殺される司書教諭有資格者の教諭を司書教諭に任命している実態を含意する。充て職の司書教諭は，学校図書館の業務に従事する時間の余裕が不十分である場合がほとんどである。本章1.（4）も参照。

ない場合が多いから学校司書に，となったんだと思います。

学校司書と司書教諭のスタンスの違い

――教育にかかわる際，学校司書と司書教諭のスタンスの違いは何でしょう？
木下 司書教諭の先生方は，教育の「教」の部分を考えていると思います。例えば，学力を上げなきゃいけない。図書館で活字に触れる，思考力をつける，論理的に考えるといったことを，新入生のときはこれくらいしかできなかった児童生徒たちが，卒業までどれくらい成長していったというのを，全体や学年単位で考えるのが司書教諭の仕事だと思います。

　教育に携わるというのは学校司書も同じなんですけど，視点が違うなと思うのは，私たちは，図書館サービスがベースになっている。私たちは，あくまでも子どもひとりひとりの成長を見守るのが仕事。小説は大好きですごく読みますという子は，新書が読めるようにとか。ただ読めるだけじゃなくて，文章が書けるようにとか，話せるようにとか，次のステップをその子の成長とともに寄り添っていく。

　偏差値は高いけど本はまったく読めません，活字を読むのが面倒くさいので，という子もいっぱいいるんですよ。そういう子たちが，読めるようになっていくこともある。読めるというのはどういうことかと個人的に考えるのですが，例えば，本を貸すじゃないですか。それで，「どうだった？」，「面白かった」，「どこが面白かった？」というのを私と語り合える，っていうのが読めているかどうかのバロメーターだと思っています。

　本のことなら司書に聞けばわかる，司書は本の専門家だということが生徒たちはわかっています。オリエンテーションのときにも言うんですよ。私は本のソムリエだから，本のことだったらなんでも聞いてと。ちょっと風呂敷を広げると，ねえねえと話に来る。話に来た子たちとやりとりをするなかで，例えば住野よる[37]さんしか読んだことがない子を，住野よるさんが好きだったらこういう作家さんもいるよと次の作家さんにつなげるとか，そういうのが私の仕

37：日本の小説家。『君の膵臓をたべたい』（双葉社，2015年）などの作品がある。

事。対象は個なんですよ，集団じゃないんですよ。そこが司書教諭と学校司書の大きな違いであると。

――教育にはかかわる。けれど，かかわり方，かかわる内容が，司書教諭の先生とは違う，独自のものがあると。

木下　それは専門職だから。私たちはあくまでも本の使い手であるわけですから，本を通して関わるということをやっぱり大事にしています。生徒が読む本を見ると，いろんな悩みとか，思想信条のようなものがわかってしまうこともありますが，守秘義務があると生徒には伝えてあります。

学校司書として一番プロフェッショナルなところをお見せするのは，やっぱり選書

――話題が変わりますが，ある記事で，学校司書の仕事のなかで「いちばん基本でいちばん難しいのが生徒に本を紹介すること」だと述べておられます[38]。

木下　もっと突っ込んで言うと，選書。私たちが学校司書として一番プロフェッショナルなところをお見せするのは，やっぱり選書だと思うんですよ。利用者のニーズは，ひとくくりに学校図書館といっても，学校によって違います。今の勤務校だと，女子校である，学力が高い，生徒の好み，読む力，といったところをベースに本を選ばなくてはいけない。この本がすごくいいと思ってもうちの生徒には合わない，ということもあります。逆に，男子生徒が多い学校では，やっぱり男子が読みたいものについて私たちは勉強しなければいけない。

　生徒ははじめに書架を見てから，お薦めの本はないかとか，リクエストなどの要求を出してきます。やっぱり，ベースは書架をつくる選書です。

――「図書部の教師と学校図書館について話し合う機会がいちばん多かったのはやはり選書の問題だった」と以前書いておられます[39]。

38：木下通子「高校生の読書と「イチオシ本」」『子どもと読書』2016年 , no. 420, p. 13-15.

木下 たぶんその当時は，宮沢りえちゃんの『Santa Fe』（朝日出版社，1991年）が出た頃で，商業高校に勤めていました。生徒は見たい，だけど，図書館の蔵書としてはふさわしくないじゃないですか。学校図書館の資料として購入することはしませんでしたが，自分で購入し，生徒といっしょに見たんです。図書館員としては，利用者の要求に草の根を分けても資料を探し，応える，という気持ちがあったんですね。

資料を提供するということはすごく重要なことで，生徒との信頼関係というか，生徒と図書館の契約という面があります。だから，私は，学校図書館も図書館であるということを根本に置いて仕事をしているので，やっぱりそれを守りたいんですよね。教育的なものを見せたいとか，違う考えの人もいると思います。

ティーンエイジャーのリテラシーを伸ばす

——日本の世論は満員電車の週刊誌の見出しが動かしている，なんて話を聞いたことがあります。今だったら，Yahoo! の見出しが世の中を動かしている，となるかもしれません。

木下 私もそう思いますよ。埼玉県では，いくつかの高校の各クラスに，現在，新聞が3紙寄贈されています。でも，ただ置いてあるだけで，生徒は全然読まない。ニュースなら見てるって生徒は言うんですけど，よく聞けばネットのニュースなんですよ。

勤務校の先生と話になったんですけど，ニュースと言うとワイドショーだと思っている子もすごく多くて。『ミヤネ屋』を見ているから大丈夫だとか，『ZIP!』でやっていたからとか。でも，情報エンターテインメント番組をただ見ているだけじゃなくて，テレ朝とTBSとフジと，ネタが同じようでも力を入れているところが違うから，そういうのを見比べると面白いんだよと言うと，生徒は驚くんですよ。そういうのを本当は学校図書館が，リテラシー教育

39：木下通子「現場の重さ：高校司書として運動にかかわって」『学校図書館を育てる：各地で広がる「小・中学校図書館に人を！」の運動の輪』教育史料出版会，1994年，p. 120-129.

のなかで教えていく必要があるんですけど，図書館単独ではなかなか機会がありません。なので，例えば図書館を使う授業で生徒が調べ物をする際などに，上のようなことや，情報をネットだけに頼ってはいけないことを伝えています。

先日のニュースで，ハチミツを食べてしまって，お子さんが亡くなってしまった[40]。情報源が料理レシピサイトでした。それで，「料理レシピサイトはみんな知ってる？」と生徒に聞くと，知ってる知ってる，よく見てると。ハチミツの事件も知ってると。あれは母親学級[41]に行けば習うんだよと言うと，生徒はええっと驚きます。

今はハチミツのことが話題ですが，ちょっと時間が経っちゃうと，話題にのぼるニュースは変わります。この前，スポーツの本を紹介するときに，浅田真央[42]ちゃんの本を出しました。ワールドカップのときはサッカー選手の本を取り上げます。そういう機転の利かせ具合もすごく重要だから，やっぱり学校司書は情報の使い手でもあるんですよ。ティーンエイジャーの子たちに何を知ってもらったらいいかということを考えたり，自分で調べたり。

高校生の間は，「調べるのが好き」くらいまで行けばいいような気がします。大学に入って本格的に情報検索などを学ぶときに，「自分は調べるのが好き」だと思っていれば，やる気になる。高校までに「なんか面倒くさいのやらされちゃってさ」って思ってるとよくないじゃないですか。だから，生涯学習の一環としての学校図書館だと思っています。

――今おっしゃったような考え方を学校の教育方針や教育課程に組み込んで

40：1歳未満の乳児がハチミツを食べることによって乳児ボツリヌス症にかかることがある。ハチミツを与えるのは1歳をすぎてからが推奨されている。
厚生労働省．"ハチミツを与えるのは1歳を過ぎてから．"．http://www.mhlw.go.jp/stf/seisakunitsuite/bunya/0000161461.html，（参照2017-09-07）．
41：妊婦を対象に，保健師や助産師，栄養士，歯科衛生士などが，妊娠，出産，育児などに関する講習を行うもの。自治体や病院などが主催している。母親教室や両親学級などと呼ぶこともある。
42：フィギュアスケート選手。本インタビューと同時期の2017年4月に現役引退を表明した。

やっていけるか，あるいは学校司書が孤軍奮闘するかは，学校によって異なるのでしょうか？

木下 そうです。私は運良く，学校の学力向上委員会のようなものに入れていただいているんですよ。例えば1年生の『学習の手引き』のような資料にも「図書館から」という項目を書かせていただいています。読書がすごく重要，みなさん本をたくさん読みましょう，みたいな呼びかけもさせていただいています。

　今の勤務校では，学校教育のなかに図書館が入っていると言えます。本来，そう持っていくのは司書教諭の仕事だと思っています。でも現状，司書教諭は充て職で，図書館以外のことで忙しい。国語の教員免許と司書教諭資格も私は持っていますが，「私がもしも専任の司書教諭だったら」という仕事を今しちゃってるんだろうな，と思っています。

―――今後，教育学の素養が学校司書にあることは大事だと思いますか？

木下 思いますね。生徒への働きかけや声がけの仕方をはじめ，私は長年の経験で，また子育ての経験で，生徒の機微に自分なりに気づけている部分もあると思います。だけど，学校の司書になって，みんな何が困るかと言うと，司書の資格は持ってるんだけど生徒にどう接していいのかわからないとか，どれくらいの距離を取ったらいいかわからないとか，そういう悩みを持たれる方がすごく多いんですよね。なので，教育学の素養はやっぱり必要だと思いますね。

気持ちに余裕があって，いつも視野を広げておかないと，授業の内容が深まらない

―――木下さんはベテランです。学校の様子が昔と今とで変わったと感じますか？

木下 学校が枠にはめられてきている感じは，すごくありますね。以前は，学校ごとに独自性や裁量がありました。教職員みんながいいと言ったらそっちの方向に行ける，みたいな。今は，すごく管理されるような時代になった。例えば，夏休みに学校の外で先生が自主的に研修をするのは，昔はもっと認められ

たんですが，今は自主研修は休暇を取って行く雰囲気もあります。先生方も，やっぱり気持ちに余裕があって，いつも視野を広げておかないと，授業の内容が深まらないと思うんですよ。好奇心が湧いてこないし。こういうことを伝えたい，こういうことを教えたいという刺激を受ける機会が，旅行に行ったり，違う文化に触れたりすることで見えてくる。だけど，今は管理が厳しくなって，動きが取れなくなってきているように感じます。だからこそ，学校図書館が，学校のなかでは，上のようなことの代替をする場所にもなっていいような気がする。

　昔の先生は，本を好きな人は勝手に読んでいたし，図書館に来るまでもなかったけど，今は忙しくて時間がない。だから逆に図書館を使ってもらえる。だってそうでしょ，先生が本や情報を求めて外に出かけたりしなくても，こちらから先生いかがですかっていうふうにご連絡すれば，すごい楽だわってなる。

　ただし，こちらの許容量が広くないと，利用者の世界が狭くなる。本当に力量が問われます。私が嫌いなこともあるし，興味がないこともあるんですよ。だけど，先生が興味を持っていることだったらその情報を集めてお渡しする，ということを大事にしようと思っています。

　同じように生徒も，今は勉強も部活もとても忙しいので，文化に触れたりする時間があまりない。なので，図書館としてはサービスのしがいがあって逆に「美味しい」んですよ。

――木下さんご自身の変化についてもお伺いします。木下さんは３人の母親でもあります。学校の職員として，司書として，そして子どもを持つ親としてという，３つの観点で学校や図書館を見られるようになった趣旨のことを書いておられます[43]。それに関して，体験や，読者へのメッセージは？

木下　子どもは面白いのです。何よりもそれが大きくてですね。すごく不思議な生き物ですから，子どもって。こういう発想をするんだと驚かされることも

43：木下通子「図書館の楽しさを伝えていこう！：館種を超えてつながる大切さ」『みんなの図書館』2013年, no. 430, p. 16-21.

あり，なんでこんなこともできないのとイライラすることもある。そういうのをおもしろいと思うことができるかどうかが大きいとは思いますね。

　生徒とかかわるときにも同じことが言えるんですよ。なんでこの子はこんなにイライラしているんだろう，なんでこの子はこんなに悲しんでいるんだろうと感じることもあります。あるいは，ある生徒が，「○○はありますか」ってレファレンスに来るじゃないですか。なんでその本が必要なのって聞いていくと，実はその本じゃなくてもっと違うところに視点が行っている，っていうことがすごく多くて。その子とかかわっていくことで見えてくるでしょ。それが楽しめるかどうかっていうのが，仕事にしろ，生活にしろ，大きいような気がするんですよ。

　それから，子どもが本を読まないことを駄目だと思わないようになれたんです。本を読まなければ駄目，と思う時期があったんですけど，今読まなくても，必要になれば読むようになるだろうって思えるようになって。

　ただ，ちっちゃいときに読んでる子と，あとから読んでる人って，読み方が違うと思います。とくに物語の読み方。ちっちゃいときに主人公と同化するような読み方をしていた人は，大人になってからも感情移入して本を読める。子どもの頃に読まないのは，すごく，もったいないなあと思います。

　でも，読書を求めない子どももいる。きっと違うところに，何かその子が必要なものがあるんだろうなあと思えるようになりました。

読書量の重要性

木下　読書に関して言うと，上の「ちっちゃいときに読んでる子と，あとから読んでる人って，読み方が違う」という考えとも関連するのですが，量が大事だと思います。

　実は自分の本にも書いたんですけど[44]，読書ってスポーツと同じだと思っているんですよ。走らなきゃいけないと思っていても，走るのがすごく苦しいときがあるじゃないですか。本も，読むのが苦手な人にとっては，本を読まされ

44：木下通子『読みたい心に火をつけろ！：学校図書館大活用術』岩波書店，2017年，228p.

るというのは，ものすごく苦痛でしょ。でも，それを続けていく。漢字なら「覚える」とか，数学なら「解ける」っていう成果の達成度がわかりやすいけど，本を読むって，うまくなったかどうかわからない。本当に自分が読めているかどうかがわからないじゃないですか。

だけどあるときに，ああこれ，すごい感動したとか，ああこれは自分のなかにストンと入ってきたということがあるでしょ。それって，やっぱりこれもスポーツと同じで，量が必要なんですよ，読むことの。それを子どもたちに伝えていきたいんですよ。

居場所としての学校図書館

──保健室が生徒の居場所になるのと同じように，図書館も，というケースも多いとよく言われます。

木下 以前の勤務校で，不登校の子を何人も預かっていたこともあります。保健室じゃなくて図書館を好む子はいます。クラスでちょっと泣いちゃった子がいて，先生がここに連れて来て「ちょっと預かっておいてくれる？」，「ああ，いいですよ」と。そんなこともあります。

──生徒さんにとっては，避難場所でもある。

木下 まあ，居場所の機能ですね。場所としての機能は，図書館の場合は絶対にありますから。

一人職場の楽しさ

──学校図書館は一人職場も多いです。木下さんはある記事の中で，自分ひとりで仕事を組み立てて実行できるし，利用者に合ったサービスを展開して，効果が実感できる一人職場の学校図書館は，図書館員にとって今一番幸せな図書館なんじゃないかという趣旨のことを書いておられます[45]。今もそうお感じですか。

45：木下通子「国民読書年に何をするのか：高校図書館から「図書館と県民のつどい埼玉」を盛り上げよう」『出版ニュース』2010年, no. 2203, p. 8-9.

木下　そう感じていますよ。学校外で活動するときは管理職の許可を取る，というのはもちろんしているんですけど，何か思いついてやってみようとなったら，すぐにできるでしょ。館内のレイアウトを変えたりだって，誰にも全然文句言われないですからね。

——一人職場は孤独だなどとよく言われますが，考え方，捉え方，やり方次第ですごく幸せな職場になる。そういう理解でよろしいですか。
木下　はい。そして，人とつながれるから。ひとりだからみんなが来てくれるし。すごい楽しいですよ，毎日。

第6章　学校図書館メディアの選択と管理

　図書や雑誌，新聞以外にも，視聴覚資料や電子資料など，さまざまな媒体が流通し，児童生徒の学びに役立っている。米国では1960年代後半から，学校図書館よりも，幅広い媒体（メディア）を扱うニュアンスの学校図書館メディアセンターという語が用いられるようになった（本書第2章1．（1））。

　日本でも，「今後，学校図書館は図書資料だけでなく，教育活動に必要なあらゆるメディアを扱う「メディアセンター」として，学校における学習活動を全面的に支援する中心的な施設として位置付けられることが重要である[1]」と言われ，司書教諭講習科目や学校司書のモデルカリキュラムにも「学校図書館メディア」という言葉が登場するなど，メディアあるいは学校図書館メディアという言葉が定着しつつある。

　ただし，公立の小中学校の1校当たり蔵書冊数の平均（2015（平成27）年度）はそれぞれ8,920冊と10,784冊である。経時的には徐々に増えているが，小中学校の図書の整備目標として設定された「学校図書館図書標準」（本書第3章4）達成学校数の割合はそれぞれ66.4％と55.3％にすぎず，小中学校の蔵書数は十分とは言えない（ちなみに公立高等学校の1校当たり蔵書冊数の平均は23,794冊）[2]。

　また，2015年度末時点で，図書館に新聞を配備している学校の割合は，公立高等学校で91.0％である一方，経時的にはやはり増加しているものの，公立小学校で41.1％，公立中学校で37.7％にとどまっている。紙数の平均は小中高校の順にそれぞれ1.3紙，1.7紙，2.8紙だけである。

1：文部科学省『新しい時代に対応した学校図書館の施設・環境づくり：知と心のメディアセンターとして』文教施設協会，2001年，p. 10.
2：文部科学省．"平成28年度「学校図書館の現状に関する調査」の結果について"．http://www.mext.go.jp/a_menu/shotou/dokusho/link/1378073.htm，(参照 2017-09-07)．

さらに、特に小中学校では、図書館経費は大部分が図書購入費に充てられ、図書以外の資料購入費はきわめて少ない[3]。つまり、日本の学校図書館は多様なメディアを十分な量持っている、持つ余裕がある、とは言い難いのが現状である。

上のような現状があるものの、以下、本書でも、司書教諭講習科目や学校司書のモデルカリキュラムの用語法に従い、学校図書館メディアという表現を用いることにする。ただし、「継続資料」や「ファイル資料」などのように、慣用的、固有名詞的なものについて述べる場合や、参考文献を引用または要約する場合、メディアでなく資料と書いたほうがわかりやすい場合には「資料」を使う。

学校図書館メディアについては、司書教諭の資格を取得しようとする際は科目「学校図書館メディアの構成」で、学校司書の資格を取得しようとする際は科目「図書館情報資源概論」で、それぞれ詳しく扱う。本書では学校図書館メディアの主な例や、選択や管理について概略を述べる。

1. 学校図書館メディア

本節では、学校図書館メディアを便宜上印刷メディア、視聴覚メディア、電子メディアに整理して、各メディアの概要を見ていこう。

(1) 印刷メディア

①図書

本、書物、書籍などの表現ももちろんあるが、図書館用語としては、図書が用いられる場合が多い。ユネスコの定義では、表紙を除いて49ページ以上のものを指す[4]。絵本、童話、民話、小説、詩歌、ノンフィクション、ヤングアダルト図書、漫画、実用書、レファレンスブック（参考図書）などがある。

これらのうち、ヤングアダルト図書とレファレンスブックについて解説して

3：全国SLA調査部「2016年度学校図書館調査報告」『学校図書館』2016年, no. 793, p.55-56.

文庫本コーナー

コミックコーナー

おく。

　ヤングアダルト図書とは，おおむね12歳から18歳の若者をヤングアダルトと呼ぶことがあるが，その年齢を対象とする図書のことである。学校生活が忙しくなり，受験の準備などに追われる中高生が読書の大切さや図書館の存在を再確認する，ヤングアダルトが抱えるさまざまな問題や課題の解決を助けるといった意義がヤングアダルト図書にはある。一般的には次のようなものを例示することができる。

- 進学や就職，キャリア関連の図書。ヤングアダルトは進路選択が大きな関心事であるためである。
- 思春期のヤングアダルトが持ちやすい悩み（例えば人間関係，恋愛，体などに関する悩み）に関する図書。
- 学校の宿題，課題に関連する図書。学校で採用している教科書を参考にしたり，必要に応じて教員に相談して選択する。
- 新書や文庫（ライトノベルを含む）。内容だけでなく，新書や文庫という軽くて持ち運びやすい形態も，小学生までと比べて多くの教科書やノートを持ち歩き，通学距離も伸びるヤングアダルトにマッチしている。ある図書をすでに所蔵している場合も，文庫版や新書版がある場合，できれば購入したい。
- ファッションやアニメ，映画，音楽など，ヤングアダルトが興味を持つ分野の雑誌（以下，図書でなく雑誌などだが，便宜上，ここで説明する）。同様に，ヤングアダルトが興味を持つ視聴覚資料や漫画。学校図書館を身近に感じるきっかけとしても期待できる。

4：United Nations Educational, Scientific and Cultural Organization. "Recommendation concerning the International Standardization of Statistics Relating to Book Production and Periodicals". http://portal.unesco.org/en/ev.php-URL_ID＝13068&URL_DO＝DO_TOPIC&URL_SECTION＝201.html，(accessed 2017-09-07). なお，ユネスコの定義では，表紙を除いて5ページ以上48ページ以下のものはパンフレットとされる。また，上記のURLには定義がないが，普通，1枚の紙を折って2〜4ページの冊子体状にしたものをリーフレットという。

ヤングアダルト向けの雑誌など

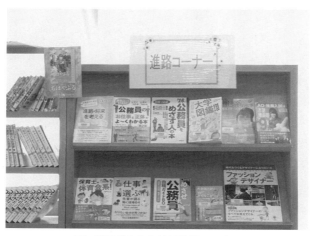

ヤングアダルト向けの進路コーナー

　レファレンスブックとは，辞書，事典，図鑑，年表，年鑑など，特定の項目を容易に調べられるようにした図書である。これらは，児童生徒の発達段階に応じて，さまざまなレベルのものを充実させたい。また，事典や図鑑などを読

絵本などの面陳列

んで楽しむ児童生徒もいる。この点は，成人向けのレファレンスブックが小学校図書館に不要とは言い切れないことや，読むためのメディアと調べるためのメディアは，子どもにとって，境界が曖昧であることを意味する。そのため，調べるためのメディアとしてレファレンスブックを閲覧可能にしておくだけでなく，読むためのメディアとして貸出可能にしておく配慮が必要な場合もある。

　なお，レファレンスブックや絵本，大型本（地図や美術全集など），新着図書などは，一般の図書とは別にして排架すること（別置）を検討する。学校行事などと連動して，あるメディアがよく利用される場合も，一時的に別置することが考えられる。そうした場合，絵本はできるだけ面陳列をする，大型本を低書架に置いて閲覧しやすくする，といった工夫がほしい。

②**継続資料**

　継続資料とは，「終期を予定せず，継続して刊行される資料で，その媒体は

問わない。継続資料には，逐次刊行物や更新資料がある[5]」。継続資料のうち，逐次刊行物とは，「完結を予定せず，同一のタイトルのもとに，一般に巻次，年月次を追って，個々の部分（巻号）が継続して刊行される資料[6]」である。代表例は雑誌，新聞，年報，年鑑[7]などである。政府刊行物にも逐次刊行物が多い。逐次刊行物の中で，定期的に刊行されるものは定期刊行物と呼ばれる。日刊，週刊，旬刊(じゅんかん)（10日ごとの発行），隔週刊，半月刊，月刊，隔月刊，季刊，年3回刊，半年刊，年刊などがある。

　一方，更新資料とは，加除式資料（法令集など，ページ単位で取り外しが可能な形態の資料），データベース，ウェブサイトなど，差し替えや書き換えによって更新される資料のことである。

　継続資料は，内容が新しく速報性があり，学習に役立つものが多い。特に新聞は，ニュースを中心に，解説や論評など，多様なテーマの記事を発信している。児童生徒を対象にした新聞もある（『朝日小学生新聞』，『読売 KODOMO 新聞』，『毎日小学生新聞』，『朝日中高生新聞』，『読売中高生新聞』など）。現行の小中学校国語科の学習指導要領にも新聞の活用が明記されており[8]，また，NIE（Newspaper In Education：教育に新聞を）の研究や実践も盛んである。

　政府刊行物（白書や統計，官報など）にも，児童生徒の学習や教員の教材研究などに役立つものが多い。インターネット上で公開されている場合が多いので，政府刊行物へのアクセスを高めるためにもインターネット環境を整備する

5： 日本図書館情報学会用語辞典編集委員会編『図書館情報学用語辞典』第4版，丸善，2013年，p. 58.
　　印刷メディアを「図書，逐次刊行物，ファイル資料」に分類するテキストもあるが，逐次刊行物と更新資料を包括する概念として継続資料が用いられるようになっており，本書もそれに従う。
6： 日本図書館協会目録委員会編『日本目録規則』1987年版改訂3版，日本図書館協会，2006年，p. 414.
7： 年鑑は，用途から言えばレファレンスブックでもあり，刊行のされ方から見れば継続資料でもある。つまり，本節の分類は，結局は便宜的なものであり，複数の分類にまたがるメディアもある。視聴覚メディアの箇所（本章1．（2））冒頭の，絵画についての解説も参照。
8： 文部科学省．"新学習指導要領（本文，解説，資料等）"．http://www.mext.go.jp/a_menu/shotou/new-cs/youryou/index.htm，(参照 2017-09-07)．

1．学校図書館メディア | 97

学校図書館内の雑誌

学校図書館内の新聞

か，あるいは印刷版の政府刊行物を購読するか，検討すべきであろう。

③ファイル資料

　ファイル資料とは，「散逸しやすいパンフレット，リーフレット，一枚ものの切抜資料を始め，一枚ものの地図，写真，図表，絵葉書などを一定の体系に従って分類し，フォルダーに入れたり，バインダーにとじ込んだりしたもの[9]」である。パンフレットとリーフレットについては本章脚注4を参照してほしい。切抜資料とは，「新聞や雑誌の記事を切り抜いて台紙などに貼り，製本したりファイリングしたりして利用に供する図書館資料[10]」のことである。各教科や総合的な学習の時間などの課題に対応したものを学校図書館で自作したい。ただし，単に切り抜いて整理するのでなく，保護期間が満了していない新聞や雑誌記事などの著作物を，授業の過程における使用とは別の目的で複製などし，学校図書館で活用しようとする場合，著作権者の許諾が必要になることに留意が必要である[11]。

▶コラム

学校図書館における著作物の複製など

　図書館において複製（コピー）が一切認められないとすると，利用者にとってとても不便であることは想像に難くない。そのため一定の要件のもとに，図書館における著作物の複製が現行の著作権法（1970（昭和45）年，旧著作権法（明治32年）を全部改正して制定）で認められている。具体的には，国立国会図書館や公共図書館，大学図書館などでは，一定の条件のも

9：日本図書館情報学会用語辞典編集委員会編『図書館情報学用語辞典』第4版，丸善，2013年，p. 209.
10：日本図書館情報学会用語辞典編集委員会編『図書館情報学用語辞典』第4版，丸善，2013年，p. 54.
11：後藤敏行『図書館の法令と政策』2016年増補版，樹村房，2016年，p. 58-59.
　　全国学校図書館協議会監修『司書教諭・学校司書のための学校図書館必携：理論と実践』改訂版，悠光堂，2017年，p. 46-61.

と，図書館資料を複製できることを同法31条が定めている。

　ところが上の規定には，学校図書館が含まれていない。しかし同法35条で，学校などの教育機関で教育を担任する者および授業を受ける者が，授業の過程での使用を目的として，公表された著作物を複製することができる旨を規定しており，学校図書館での著作物の複製はこの規定に基づいて可能になる。

　また，同法35条が適用される場合には，著作物の翻訳，編曲，変形，翻案[12]も認められる（43条）。この規定に基づき，例えば，ある絵本を原本にしてさわる絵本を製作すること（翻案）なども35条の範囲内で認められる。ただし，通常の翻案では予定されていない本質的な改変を行うような場合，例えば悲劇を喜劇に改変するような場合には同一性保持権[13]侵害になりうる。そのような改変をどうしても行いたい場合，著作者に許諾を取る必要がある。

　一般に，授業を担任する教員や，授業を受ける児童生徒の要望どおりに，学校図書館スタッフが手足となって著作物のコピーを取ることは35条の範囲内だと考えられている。また，授業中に学校図書館の使い方を教えたり，読み聞かせを行ったりする場合，学校図書館スタッフも教育を担任する者に含まれる旨の解釈もある[14]。

　また，「授業」とは学習指導要領で定義されるものだと考えられている[15]。そのため，学習指導要領で授業のひとつと位置づけられる「特別活動」の児童会活動や生徒会活動のなかに図書委員会がある場合，図書委員会の活動は授業とみなされる。よってその場合，図書委員会の活動に伴う

12：著作権法において，変形とは次元を変えること（例えば絵画（2次元）を彫刻（3次元）にすること）であり，翻案とは，例えば，著作物を脚色したり映画化したりすることである。
13：同一性保持権とは，著作物とその題号（著作物の題名，表題）の同一性を保持する権利，すなわち，意に反して著作物や題号の変更，切除その他の改変を受けない権利である（著作権法20条）。
14：全国学校図書館協議会監修『司書教諭・学校司書のための学校図書館必携：理論と実践』改訂版．悠光堂，2017年，p. 55.

著作物の複製などは35条の範囲内だと考えられる。

　一方，本文で述べたように，著作権の保護期間が満了していない新聞や雑誌記事などの著作物を，授業の過程における使用とは別の目的で複製などし，学校図書館で活用しようとする場合，原則として，著作権者の許諾が必要になる。

　「原則として」と上で書いたのは，法令・官公文書など，国民に広く知らしめて利用されることに意味があり，独占に馴染まないために，著作権の対象とされていない著作物もあるためである（13条）。また，「使用許諾条件」や「「学校教育のための非営利目的利用」OKマーク」など，学校図書館メディアを購入した際に使用条件が明示されている場合があるためでもある。

　なお，30条（私的使用のための複製：著作物は，個人的なまたは家庭内などでの使用目的の場合は，複製することができる。ただし一定の例外あり）も学校図書館での著作物の複製の根拠になるとの説もある。

　学校図書館と著作権に関して，以下の文献を紹介しておく（出版年の新しい順）。

- 南亮一「第6節著作権法」（全国学校図書館協議会監修『司書教諭・学校司書のための学校図書館必携：理論と実践』改訂版, 悠光堂, 2017年, p. 46-61）
- 森田盛行『気になる著作権Q&A：学校図書館の活性化を図る』全国学校図書館協議会, 2013年, 51p.
- 日本図書館協会著作権委員会編著『学校図書館の著作権問題Q&A』日本図書館協会, 2006年, 55p.

15：著作権法第35条ガイドライン協議会. "学校その他の教育機関における著作物の複製に関する著作権法第35条ガイドライン". http://www.jbpa.or.jp/pdf/guideline/act_article35_guideline.pdf , (参照 2017-09-07).

（2）視聴覚メディア

　主として画像，映像，音声によって情報を記録したメディアである。AV資料（AVはaudio-visualの略）とも言う。通常，スライドプロジェクターやコンピュータディスプレイなど，なんらかの再生装置が必要なものを指す。再生装置が不要な絵画などは，視聴覚メディアに分類される場合も，ファイル資料などに分類される場合も，いずれもある。

　主な視聴覚メディアには，CD（コンパクトディスク），DVD，BD（ブルーレイディスク）[16]，音楽用カセットテープ，ビデオテープ，マイクロ資料（図書などを写真技術で肉眼では読めないほど縮小した資料。大量の資料をわずかなスペースで収容することができる。読み取りにはマイクロリーダーと呼ばれる機器が必要）などがある。

（3）電子メディア

　電子メディアは，情報をCDやDVDなど[17]の記録媒体に固定して利用者に配送するパッケージ系メディアと，情報を通信システム（代表例はインターネット）で利用者に伝送するネットワーク系メディアに大別される。

　パッケージ系メディアの代表例として，従来，電子辞書が挙がることが多かったが，スマートフォンやタブレット端末にダウンロードして使用する辞書アプリケーション（すなわち，ネットワーク系メディアだと考えることができる電子辞書）も増えている。

　ネットワーク系メディアには，再生専用端末（電子書籍リーダー）やタブレット端末，PCなどにコンテンツをダウンロードして再生する電子書籍や，新聞データベースなどがある（新聞データベースには，パッケージ系メディアのものもある）。先の定義に従えば，インターネット上の個々のウェブサイト，ウェブペー

16：これらにはCD-DA，CD-ROM，DVD-ROM，DVD-R，DVD-RW，BD-R，BD-REなどの規格があるが，本書では総称として，CD，DVD，BDを用いる。
17：CDやDVDなどは，中身に着目すれば視聴覚メディアでもあり，記録媒体として見れば電子メディアでもある。本章脚注7に書いたとおり，本節の分類は，結局は便宜的なものである。

ジ[18]もネットワーク系メディアである。

　ウェブサイトやウェブページには，児童生徒にとって不適切な情報（いわゆる有害情報）もあり，対策を何も取らなければ，印刷メディアのそれよりも簡単にアクセスできてしまう。現状，インターネット接続を有するわが国の公立小中高校などの99.2％が，フィルタリングソフトや，契約プロバイダが提供するフィルタイリングサービスなどを有害情報への対応として利用している[19]。

　米国では，わいせつ（obscenity），児童ポルノ（child pornography），未成年者に有害（harmful to minors）という，合衆国憲法の保護下にない情報に未成年者がアクセスすることを防ぐため，学校や公共図書館が設置するコンピュータにフィルタリング技術を導入することを義務づけた「子どもをインターネットから保護する法律」（Children's Internet Protection Act：CIPA）がある（17歳以上の利用者が研究などの目的でインターネットにアクセスする場合は，フィルタリング装置を停止することができる）。

　CIPAの影響について検討したALAのレポートは，CIPAの規定よりも過剰なフィルタリングが学校や公共図書館で行われていることや，過剰なフィルタリングがデジタルリテラシーやメディアリテラシーのスキル獲得を制限すること，フィルタリングのないインターネットへのアクセスを自宅で利用できる恵まれた生徒と，そうでない不利な生徒という「2つのクラス（two classes of students）」が生じることなどを指摘している[20]。

　上記は米国の状況や議論であるが，子どもの貧困などの課題を抱えるわが国でも参考になると思われる。「学校のオンライン端末へのフィルタリングをどの程度のレベルに設定するか」，「どの程度のレベルに設定するにせよ，フィル

18：ひとまとまりのウェブページ群がウェブサイトである。例えば，ある学校のウェブサイトを構成するのは，「学校紹介」「保護者の皆様へ」「年間行事予定」といった，個々のウェブページである。

19：文部科学省．"学校における教育の情報化の実態等に関する調査―平成27年度結果概要"．http://www.mext.go.jp/b_menu/toukei/chousa01/jouhouka/kekka/k_detail/1376709.htm，(参照 2017-09-07).

20：Batch, K. R. *Fencing Out Knowledge: Impacts of the Children's Internet Protection Act 10 Years Later*. American Library Association, 2014, 34p. http://connect.ala.org/files/cipa_report.pdf，(accessed 2017-09-07).

タリングは完全ではなく，暴力的なコンテンツやわいせつなものをブロックしようとして，戦争や婦人科系の病気についての学術的なページまでアクセスできなくなってしまう，といった場合がある」などの論点や問題がフィルタリングに関しては存在する。それらは学校図書館にとどまらない，学校の情報化に関する大きな論点や問題であるが，司書教諭や学校司書（志望者）も関心を持っておきたい。

本項の最後に，学校図書館での活動に使えそうなウェブサイトやウェブページを紹介しておく。URL の参照はいずれも2017年9月である。

- 子供向けページ集 | 電子政府の総合窓口 e-Gov（https://www.e-gov.go.jp/link/kids/）
- なるほど統計学園（http://www.stat.go.jp/naruhodo/index.htm）
- Yahoo! きっず（https://kids.yahoo.co.jp/）

2．学校図書館メディアの選択

学校図書館メディアの選択の留意点として，図書館の財政面や設備面（再生機器の有無や収容力）での制約ももちろんあるが，さらに以下を挙げることができる。

- 教育課程の展開に寄与すると判断されるメディアを選択する。そのために，各学年の各教科等の内容を把握したうえで，それを補足，発展させるメディアを選択する。
- 児童生徒の健全な教養の育成に寄与すると判断されるメディアを選択する。
- 教材研究のためのメディアや専門書など，教員の教育活動に役立つメディアを可能な限り取り入れる。
- 保護者や児童生徒の要望もできるだけ取り入れる。要望が取り入れられることがわかると，保護者や児童生徒の図書館への関心が高まることも

期待できる。

図書選定委員会を置き，メディア収集方針を決めたうえで選定を行う場合も多い（本書第4章1および同2．（2））。「収集方針 学校」などでインターネット検索すると実例がヒットする。メディア収集方針の策定や見直しの際に参考にできる。

（1） メディア選択の基準

図書選択の参考になる基準に，「全国学校図書館協議会図書選定基準」（1980年制定，2008年改訂）がある[21]。本基準は，一般基準として「内容」，「表現」，「構成」，「造本・印刷」の4項目，部門別基準として「百科事典・専門事典」，「辞典」，「年鑑・統計・白書類」など23項目を設け，かつ，各項目のなかで選定の種々のポイントを定めている。さらには「対象としない図書」の基準も設けている。

全国SLAは，この基準に基づいて選定した図書を，機関誌のひとつ『学校図書館速報版』（月2回発行）で紹介し，各学校図書館が活用できるようにしている。

本基準に対し，批判的な見方ができないわけではない。例えば，「教養のための図書」の基準のひとつに「正義と真実を愛する精神に支えられているか」というものがある。ところがある種の文学作品などには，正義や真実を否定しないまでも，それらを一度は疑ってみたり，正義や真実という言葉では割り切れない人生の側面に光を当てたりするものがある。本基準だけではそうした点を考慮できない可能性があるわけで，本基準はやや一面的と言えなくもない。教育方針や地域性などの各学校の事情を考慮しつつ，本基準を参考にしたい。

全国SLAはほかにも，「全国学校図書館協議会絵本選定基準」（1972年制定）[22]，「全国学校図書館協議会コンピュータ・ソフトウェア選定基準」（1996年制定）[23]，「全国学校図書館協議会ホームページ評価基準」（2005年制定）[24]を

21：全国学校図書館協議会．"全国学校図書館協議会図書選定基準"．http://www.j-sla.or.jp/material/kijun/post-34.html，（参照 2017-09-07）．

策定している。

（2）メディアの数量基準

　学校図書館が機能するためには，メディアの数量も重要である。この点について，1993（平成5）年，文部省（当時）が学校種別ごと，学校規模ごとの図書の整備目標として「学校図書館図書標準」を発表した（本書第3章4）。ただし，学校図書館図書標準は数値目標だけを提示しているので，この基準では，主題のバランスや図書の鮮度を問題にすることができない。極論すれば，主題が極端に偏っていたり，数十年前の図書ばかりの蔵書でも，数をクリアすれば学校図書館図書標準を達成したことになる。

　1949（昭和24）年と1959年に文部省（当時）が「学校図書館基準」というものを制定しており，数量や主題のバランス，その他学校図書館に関する事項全般について規定している。「学校図書館は学校長，全教職員，および全児童生徒の参加協力によって運営されなければならない」(1949年)，「学校図書館は学校教育に欠くことのできない機関である。その目的は学校教育の基本的目的と一致する」，「学校図書館を構成する基本的要素は次の三つである。（1）図書館職員，（2）図書館資料，（3）図書館施設」（以上1959年）といった，理念や原則に関する部分は今でも十分参考になる[25]。

　ほかに，全国SLAが2000年に「学校図書館メディア基準」を発表している[26]。図書に加えて新聞，雑誌，視聴覚メディア，コンピュータ・ソフトも対

22：全国学校図書館協議会．"全国学校図書館協議会絵本選定基準". http://www.j-sla.or.jp/material/kijun/post-82.html，(参照 2017-09-07).
23：全国学校図書館協議会．"全国学校図書館協議会コンピュータ・ソフトウェア選定基準". http://www.j-sla.or.jp/material/kijun/post-39.html，(参照 2017-09-07).
24：全国学校図書館協議会．"全国学校図書館協議会ホームページ評価基準". http://www.j-sla.or.jp/pdfs/material/hyoka.pdf，(参照 2017-09-07).
25：全国学校図書館協議会『学校図書館五〇年史』編集委員会編『学校図書館五〇年史』全国学校図書館協議会，2004年，p512-517.
　　全国学校図書館協議会編『学校図書館基準：解説と運営』時事通信社，1950年，p. 281-286.
　　文部省『学校図書館運営の手びき』明治図書出版，1959年，p. 30-44.

表6-1　学校図書館図書標準，学校図書館メディア基準が提示する小学校の図書冊数

学校図書館図書標準

学級数	冊数
1	2,400
2	3,000
3～6	3,000＋520×（学級数－2）
7～12	5,080＋480×（学級数－6）
13～18	7,960＋400×（学級数－12）
19～30	10,360＋200×（学級数－18）
31～	12,760＋120×（学級数－30）

学校図書館メディア基準

学級数	冊数（P＝児童数）
1～6	$15,000+2\times P$
7～12	$15,000+700\times A+2\times P$ A＝6を超えた学級数
13～18	$19,200+600\times B+2\times P$ B＝12を超えた学級数
19～24	$22,800+500\times C+2\times P$ C＝18を超えた学級数
25～30	$25,800+400\times D+2\times P$ D＝24を超えた学級数
31～	$28,200+300\times E+2\times P$ E＝30を超えた学級数

象にした，総合的な数量基準である。また，「蔵書の配分比率」を提示したり，「図書，オーディオ・ソフト，ビデオ・ソフトは10年間，コンピュータ・ソフトは3年間を目途に更新を図るものとする」と述べるなど，主題のバランスや図書の鮮度についても参考になる。

　一例として，学校図書館図書標準と学校図書館メディア基準がそれぞれ提示する小学校の図書冊数を表6-1に示す。学校図書館メディア基準のほうがハードルが高い。

3．学校図書館メディアの管理：特に除籍，更新について

　各メディアを受け入れたのちは，それらを整理，管理するため，かつ，検索・利用可能にするために，目録（タイトルや著者などを記録し，メディアを検索できるようにするもの）の作成，分類記号（メディアを主に主題に従って検索や排列

26：全国学校図書館協議会. "学校図書館メディア基準". http://www.j-sla.or.jp/material/kijun/post-37.html，（参照 2017-09-07）.

するための記号。英数字などを用いる）や件名標目（メディアの主題を言葉で表現し，検索可能にするもの。単に件名とも）の付与，蔵書印の押印，図書ラベルの貼付といった作業を行う。ストーカー対策の観点から（登下校時などに，児童生徒の学校名を知られたくないという理由から），メディアの外側に印を押さないケースもある[27]。これらについては，司書教諭の資格を取得しようとする際は科目「学校図書館メディアの構成」で，学校司書の資格を取得しようとする際は科目「図書館情報資源概論」や「情報資源組織論」，「情報資源組織演習」で，それぞれ詳しく扱う。本書では，図書館メディアの管理に関して，他の館種（本書第1章2）よりも学校図書館に特徴的な，メディアの除籍，更新について述べる。

「所在不明であったり，破損，汚損があったり，あるいは不要となった資料を原簿から削除すること[28]」を除籍（払出（はらいだし）とも）と言う[29]。除籍されることになったメディアには，廃棄や寄贈などの措置を取る。また，破損や汚損があったり，内容が古くなったメディアを除籍し，新しいものと取り換えることを更新と呼ぶ。

メディアの除籍に対して，激しい破損や汚損の場合はともかく，蔵書数が減ってしまうという考えなどのために，抵抗を感じるかもしれない。しかし，児童生徒，教員にとって魅力的な，利用価値の高いメディアからなるコレクションを維持するために，定期的な除籍，更新は行う必要がある。この考え方が学校図書館ではほかの館種よりも強い。実際，学校図書館図書整備等5か年計画でも，増加冊数分だけでなく更新冊数分の予算が措置されている（本書第3章4）。2015（平成27）年度中に，全国の公立小中高校では1校あたり平均で，それぞれ304冊，407冊，452冊の図書を購入した一方，それぞれ256冊，

27：坂田仰ら編著『学校図書館の光と影：司書教諭を目指すあなたへ』八千代出版，2007年，p. 117.
28：日本図書館情報学会用語辞典編集委員会編『図書館情報学用語辞典』第4版，丸善，2013年，p. 117.
29：ちなみに「余分になった重複資料，ほとんど利用されなくなった資料，内容が古くなり新鮮度も落ちた不要資料を書架から選択すること」をウィーディングと呼ぶ（日本図書館情報学会用語辞典編集委員会編『図書館情報学用語辞典』第4版，丸善，2013年，p. 14）。

293冊,432冊を廃棄している[30]。

　除籍や廃棄に関する基準や手続きは,各学校や教育委員会ですでに定められている場合が多い。さらに,全国SLAによる「学校図書館図書廃棄規準」(1993年)[31]も参考になる。

30：文部科学省．"平成28年度「学校図書館の現状に関する調査」の結果について". http://www.mext.go.jp/a_menu/shotou/dokusho/link/1378073.htm,（参照 2017-09-07）．

31：全国学校図書館協議会．"学校図書館図書廃棄規準". http://www.j-sla.or.jp/material/kijun/post-36.html,（参照 2017-09-07）．

第7章 学校図書館の施設，設備

本章では，学校図書館の望ましい施設，設備について解説する。予算や校舎自体の制約などはあるだろうが，本章で述べるポイントをできるだけ取り入れたい。学校図書館の情報化についても触れる。

1．「学校施設整備指針」，「学校図書館施設基準」

「学校施設整備指針」は，学校教育を進めるうえで必要な施設機能を確保するために，計画，設計の留意事項を示したものである。「学校施設の在り方に関する調査研究協力者会議」における検討を踏まえて策定された。本節では，学校図書館（各指針では図書室と表記）に関する指針の概要を整理する。指針は小中高校ごとに策定されており，「重要である」，「望ましい」，「有効である」と表現を使い分けることによって，重要度も考慮されている。よって厳密には，インターネット上で閲覧できる，各指針の原文を参照してほしい[1]。

小中学校の図書室については，以下のように推奨している。

- 多様な学習活動に対応することができるよう面積，形状などを計画する。
- 1学級相当以上の机と椅子を配置し，かつ，児童生徒数に応じた図書室用の家具などを利用しやすいよう配列することのできる面積，形状などとする。
- 各教科における学習活動などにおいて効果的に活用することができるよ

1：文部科学省．"「学校施設整備指針」の改訂"．http://www.mext.go.jp/b_menu/shingi/chousa/shisetu/013/gaiyou/1368309.htm，(参照 2017-09-07)．

う，普通教室などからの利用のしやすさを考慮しつつ，児童生徒の活動範囲の中心的な位置に計画する（高等学校施設整備指針では，さらに，「必要に応じ，地域住民の学習活動における利用等に対応できるよう配慮することが望ましい」としている）。
- 図書，コンピュータ，視聴覚教育メディアなどを配備した学習・メディアセンターとして計画する。
- 資料や学習・研究成果の展示・掲示のできる空間を計画・確保する。
- 児童生徒のさまざまな学習を支援する学習センター的な機能，必要な情報を収集・選択・活用し，その能力を育成する情報センター的な機能，学校における心のオアシスとなり，日々の生活のなかで児童がくつろぎ，自発的に読書を楽しむ読書センター的な機能について計画する。
- 司書教諭，図書委員などが学校図書館メディアの整理，修理などを行うための空間を確保する。
- 図書を分散して配置する場合は，役割分担を明確にし，相互の連携に十分留意して計画する。
- 多様な教材，教具等を使用した授業など多様な教育方法に対応するため，理科教室と図書室，視聴覚教室などとの連携に配慮して計画する。

　上記に加え，高等学校施設整備指針では，「教科としての「情報」だけではなく，他教科でも活用したり，日常的な学習活動や生徒会活動，部活動等を支援するために，［中略］様々な情報機器や情報ネットワークを計画する」，「生徒の自習のための空間を，類似する他の空間等との役割分担や連携に配慮しつつ，閲覧室内あるいは隣接した位置等に確保する」ことなどを推奨している。
　また，全国SLAによる「学校図書館施設基準」(1990年制定，1999改訂)[2]は，学校図書館で展開される諸活動を円滑に実施するために，施設上どのような観点や配慮が必要とされるかを示したものである。学校図書館の諸活動のためのスペースが必要であることや，スペースごとの最低必要面積を示したのち，

2：全国学校図書館協議会．"学校図書館施設基準"．http://www.j-sla.or.jp/material/kijun/post-38.html，(参照 2017-09-07)．

表7-1　学校図書館施設基準の「3．建築および設備の条件」

1．学校図書館施設の基本原則　[略]

2．スペースごとの最低必要面積　[略]

3．建築および設備の条件　学校図書館の建築および設備についての条件はつぎのとおりである。

　3.1　建築および構造

　　3.1.1　空間構成とフレキシビリティ　各スペースは，それぞれ必要な機能を満たすとともに児童生徒に親しまれる空間とする。間仕切り・設備等は，現在，将来ともに配置が変化できる計画とする。

　　3.1.2　床および壁面　床の構造は，図書館資料の増加および利用の変化に対応できるよう床荷重を算入しておく。書架，ファイリング・キャビネット，AV機器等の設置・移動を考慮して，最低300kg/m^{2}の床荷重を見込んだ構造とする。なお，図書館内は資料や機器の移動にブックトラック等が使われるので通路に段差を設けてはならない。壁面は，掲示物の利用スペースとして確保する。

　　3.1.3　色彩と仕上げ　図書館内は，全体的に明るい色調，低い彩度を使用する。また，仕上げは，柔らか味のあるものとする。

　3.2　設　備

　　3.2.1　吸音と遮音　図書館は，外部からの騒音を防ぎ，内部での騒音の発生を少なくするため，床はカーペット敷き等とし，天井は吸音性の高い材料とする。さらに，BGM装置を導入し，マスキング効果等で音環境の良化をはかる。

　　3.2.2　換気・暖房・空調　図書館は，常に適当な温湿度を保ち快適に利用できるよう，機械換気設備や空調設備を設ける。なお，個別に温湿度が調節できる設備が望ましい。

　　3.2.3　照明　図書館では，学習や読書，視聴，その他の活動に必要な明るさを確保する。人工照明による机上照度は300ルクス以上とする。光源は昼光色を採用する。照明器具は均等に分布して机や書架の配置を自由に変えられるようにする。天井の低い場合はまぶしさを避け，机上面に利用者自身の影ができないようにする。なお，窓面による自然採光の活用，局部的な補助採光等を十分考慮する。

　　3.2.4　搬送　図書館が二層以上になる場合は，リフトもしくはエレベーターを設ける。

　　3.2.5　放送・通信　図書館は，館内放送設備および校内・校外に連絡できる電話設備を設ける。

　　3.2.6　電源・コンセント　図書館は，コンピュータ，AV機器，補助採光のためのコンセントを十分に設け，将来の模様替えにも対応できるよう考慮する。コンピュータ，移動書架，コピー機器等には，専用電源を設け，図書館全体としては十分な電力容量を見込む。

　　3.2.7　給排水　図書館は，手洗い設備を設ける。また，スタッフ・スペースには，流しおよび湯沸かし等の設備を設ける。

「建築および設備の条件」を表7-1のとおり提唱している。基準の全文はインターネット上で閲覧できる。「床の構造は［中略］最低300kg/m²の床荷重を見込んだ構造とする」、「床はカーペット敷き等とし、天井は吸音性の高い材料とする。さらに、BGM装置を導入し、マスキング効果等で音環境の良化をはかる」、「人工照明による机上照度は300ルクス以上とする」など、建築・設備の条件を具体的に明示しているので参考にしやすい。

本章冒頭で述べたとおり、予算や校舎自体の制約などがあるだろうが、本節で述べた指針や基準を参考にして、できる限り施設、設備の改善を図ってはどうだろうか。

2．施設，設備のその他の望ましい条件

本節では、上記「学校施設整備指針」と「学校図書館施設基準」以外で、学校図書館の施設、設備の望ましい条件として一般に言われていることを挙げる。学校図書館施設そのものを新しくつくり変えることができなくても、可能

机，椅子などの例（1）

な範囲で下記のような設備や工夫を取り入れたい。

- 複数の資料を広げられる，広めの閲覧机。
- 特に中学校や高等学校では，生徒の個別の学習要求にこたえるため，キャレル（1人用机）。
- 備品が光を遮断しないようにしたり，書棚を低くしたりすることによって，できるだけ広く感じられる空間。
- ソファーを置いたブラウジング[3]コーナーや畳敷き，絨毯(じゅうたん)敷きのスペースなど，くつろいで読書できるスペース。なお，畳敷きや絨毯敷きは，清掃や衛生面でのメンテナンスが必要になるので，その経費も導入前に検討する。ただし，アレルギーのある利用者に配慮して，絨毯敷きでなく木材を使ったフローリングを推奨する意見もある[4]。
- ぬいぐるみや花，観葉植物を置くといった，利用者を落ち着かせる工夫。その他，季節に合ったデコレーション。
- 「学校図書館施設基準」3.2.3にある通り，学習や読書などに必要な明るさを確保するべきだが，それに加えて，図書の表紙が色褪せないよう，それらに直射日光が当たらない工夫・配置。
- 段差をなくすなど，バリアフリーをめざす。
- 貸出・返却やレファレンスサービスなどの諸業務を行うカウンターは，

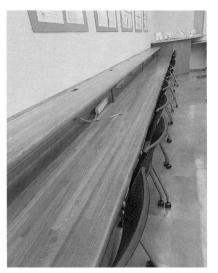

机，椅子などの例（2）。ひとりで学習できる。コンセントやLANケーブルもある

3：ブラウジングとは，本の拾い読みのこと。あちこちを少しずつ読むこと。
4：全国学校図書館協議会監修『司書教諭・学校司書のための学校図書館必携：理論と実践』改訂版，悠光堂，2017年，p. 256.

低書架，面陳列の例

出入り口に近く，全体を見渡せる位置とする。
- 出入口周辺は，展示など，学校図書館が気づかれやすく，入りやすくなるような工夫をする。ガラス張りの出入口にしたり，廊下との仕切りがないオープンスペースにするというやり方もある。
- 児童生徒がわかりやすい館内のサインや見出し。
- 防災対策。例えば地震対策として，資料の落下防止装置を導入する。書架が転倒・倒壊しないよう，床や壁などに固定するなど，補強する（資料の落下防止装置を施された書架は，資料が落下しない分荷重が大きくなり，損傷・倒壊のリスクが高まるとの報告もある[5]）。展示ケースなどにガラス飛散防止フィルムを貼る，あるいはガラスや陶器は掲示・展示に使用しない。ヘルメットや懐中電灯を教職員分だけでなく図書委員などの分まで用意しておく。パソコンは転倒防止策を施すとともに，データのバックアップを定期的に取る。定期的に避難訓練をしておく。

5：立川剛，福拓也「学校図書館書架の地震時挙動について」『学校図書館』2016年, no. 791, p. 33-34.

近年,複数の大地震に見舞われてきた日本の学校図書館界では,上記のような知見が蓄積されている。参考になりそうな文献のいくつかを脚注に示す[6]。防災対策だけでなく,被災した学校図書館にどのような支援ができるかを述べている(例えば古い百科事典や,破損や汚損,書き込みのある資料などは,善意で寄贈したとしても学校では使えないため処分せざるをえず,教職員の負担になってしまう,といった話を紹介している)ものもある[7]。もちろん地震だけでなく,火災や水害なども想定して備えておくべきである。

3. 学校図書館の情報化

学校図書館の蔵書をデータベース化している公立学校は,高等学校では91.3%にのぼるが,小学校は73.9%,中学校は72.7%である[8]。データベース化がされていなければ,コンピュータによる蔵書検索や,バーコードによる貸出・返却などができないわけであるが,小中学校の蔵書冊数(本書第6章)程度では必ずしも緊急の課題ではない。むしろ,学校の外部の情報を入手するための学校図書館のコンピュータやインターネット環境の整備,および情報提供や情

6:岡本真「saveMLAKの活動からみた災害時の学校図書館支援」『学校図書館』2016年, no. 791, p. 23-24.
　勝山万里子「防災管理」『司書教諭・学校司書のための学校図書館必携:理論と実践』改訂版, 悠光堂, 2017年, p. 124-125.
　小林功「整備計画の立案」『司書教諭・学校司書のための学校図書館必携:理論と実践』改訂版, 悠光堂, 2017年, p. 250-251.
　山中規子「学校図書館が備える自然災害:学校図書館を安心で安全な居場所に」『学校図書館』2011年, no. 734, p. 47-49.
　渡邊重夫「第4節震災に対応した施設・設備」『学校図書館の力:司書教諭のための11章』勉誠出版, 2013年, p. 170-172.
　本章脚注5～7で,『学校図書館』2011年734号と2016年791号の記事を紹介しているが,この2号は災害に関する特集を組んでおり,ほかの記事も参考にできる。
7:森田盛行「全国学校図書館協議会の震災への対応」『学校図書館』2011年, no. 734, p. 14-16.
8:文部科学省. "平成28年度「学校図書館の現状に関する調査」の結果について". http://www.mext.go.jp/a_menu/shotou/dokusho/link/1378073.htm,(参照 2017-09-07).

報教育に対応できるスタッフの配置のほうがより重要である,という趣旨の意見もやや古い文献には見られる[9]。この意見にかかわらず,文部科学省の「学校図書館の現状に関する調査」を経時的に見ると蔵書のデータベース化は進行しており,今後も当分続くと予想される。

コンピュータの整備状況を見てみると,全国の公立小中高校,中等教育学校,および特別支援学校には,合計で190万台以上の教育用コンピュータが設置されているが(児童生徒6.2人に1台の割合),それらは普通教室をはじめ,校内のさまざまな場所に置かれている[10]。公立学校図書館に整備されている,児童生徒が使用可能なコンピュータの台数は7万台に満たない(それらのうち,インターネットに接続しているのは9割前後)[11]。印刷メディアなどの利用と並行した,学校図書館での総合的な学びを推進するためには,館内へのコンピュータ設置がさらに推進されてよいだろう。

9:山本順一編著『学校経営と学校図書館』第2版,学文社,2008年,p. 76.
10:文部科学省."学校における教育の情報化の実態等に関する調査―平成27年度結果概要". http://www.mext.go.jp/b_menu/toukei/chousa01/jouhouka/kekka/k_detail/1376709.htm,(参照 2017-09-07).
11:文部科学省."平成26年度「学校図書館の現状に関する調査」の結果について". http://www.mext.go.jp/a_menu/shotou/dokusho/link/1358454.htm,(参照 2017-09-07).

第8章 学校図書館のサービス・活動

　図書館が利用者のニーズに合わせて提供するサービスを図書館サービスと言う。メディアの収集，整理，保存といったテクニカルサービス（間接サービス）と，メディアや情報を利用者に直接提供するパブリックサービス（利用者サービス，直接サービス）とに大別できる。後者だけを指して図書館サービスと言う場合もある。

　前者は，司書教諭の資格を取得しようとする際は科目「学校図書館メディアの構成」で，学校司書の資格を取得しようとする際は科目「図書館情報資源概論」や「情報資源組織論」，「情報資源組織演習」で，それぞれ詳しく扱う。本書では第6章2および3で触れている。

　以下，本書では，後者のパブリックサービスについて解説する。学校図書館のパブリックサービスについては，司書教諭の資格を取得しようとする際は科目「学習指導と学校図書館」や「読書と豊かな人間性」で，学校司書の資格を取得しようとする際はそれら2科目に加えて「学校図書館サービス論」や「学校図書館情報サービス論」で，それぞれさらに詳しく学ぶ。

　なお，学校図書館の性格上，児童生徒に対するサービスは単なるサービスでなく，指導でもある。有益だと判断する場合，児童生徒が要求するものに加えて，ほかのメディアや情報を提供することもある。児童生徒からの要求がなくてもサービス（指導）を行うこともある。もちろん，児童生徒の読書の自由やプライバシーは守られなくてはならない。

　また，学校図書館以外の職務で司書教諭が多忙を極めていたり（本書第5章1．(4)），学校司書がひとりで図書館を切り盛りしたりと，学校によっては厳しい現実もあろう（例えば，下記に述べる，児童生徒の登校時から下校時間までの常時開館など難しい，といったケースもあろう）が，できる限り本章のサービス・活

動を実施したい。

　なお，図書館員がカウンターを離れて館内を歩き回り，利用者の質問に答えたり，メディア選択の相談に乗るなどすることを，カウンターワークやデスクワークと対比して，フロアワークと呼ぶ。児童生徒の読書の自由に配慮しつつ，積極的にフロアワークを行い，気兼ねなく相談できる学校図書館スタッフだと印象づけることが望ましい[1]。本章全般に関連する用語なのでここで触れておく。

1．メディア提供サービス

①閲覧

　閲覧とは，図書館内での図書館メディアの利用のことである。下記の貸出とは違い，都合のよい時に，図書館外の都合のよい場所でメディアを利用できるわけではない。だが，禁帯出（館外への貸出を認めない）であることが多い，レファレンスブックや新聞を含め，多くのメディアを比較しながら調べたり，読んだりできる。渡邊は，「児童生徒が館内で資料をあれこれ探し，調べ，読みながら学習活動や読書活動を展開する行為は，学校図書館の出発点である[2]」と述べている。

　閲覧の便を考えれば，図書館の開館時間はできるだけ長いほうがよい。具体的には，児童生徒の登校時から下校時間まで図書館が常時開館し，メディアが閲覧可能であることが望ましい。

1：子どもは自分からカウンターに質問に行くことを思いつかなかったり，気後れしたりすることも多いため，公共図書館の児童サービスでもフロアワークは重視されている。フロアワークは意味の広い言葉でもある。例えば，堀川照代編著『児童サービス論』（日本図書館協会，2014年）ではフロアワークの項目で，けがや事故への対応，安全対策，災害対策などにも言及している（同書 p. 108-109）。

2：「シリーズ学校図書館学」編集委員会編『学校経営と学校図書館』全国学校図書館協議会，2011年，p. 161.

②貸出

　貸出は，利用時間や利用場所が閲覧のように限定されないので，利用者にとって自由度が大きい。通常，レファレンスブックや貴重品扱いのメディアなどは禁帯出(きんたいしゅつ)扱い（貸出を認めない扱い）である。ただし禁帯出扱いのメディアも，学習上の必要を考慮して，授業時間内の貸出や，一晩だけの貸出（一夜貸し，オーバーナイトローン）をすることがある。長期休暇中は，読書や自由研究の便を図るため，貸出冊数を多く，返却期限を長くする場合がある。返却期限内にメディアを返さない（延滞）利用者には，督促をして利用のマナーを身につけさせることも必要である。

　「資料貸出に際し，「何を誰にいつまで」の記録を一定のルールに従って管理する方法[3]」のことを貸出方式と呼ぶ。コンピュータ式やカード式やなどがあり，公共図書館や大学図書館ではほとんどの場合コンピュータ式であるが，学校図書館ではカード式のケースも多い（本書第7章3）。コンピュータ式であれ，カード式であれ，メディアの返却後も利用者の貸出記録を残している学校図書館が多いと思われる[4]。そのため，記録が読書指導の有力な手がかりになるという意見がある一方で，児童生徒のプライバシーに抵触するとも指摘されている。今後は，貸出記録のうち，個人を特定できる部分を消去し，読書指導に役立つ部分（貸出の多い分野の傾向など）を残すやり方への移行を含め，学校図書館のスタッフ，あるいは学校全体で貸出方式を検討することが望まれる。

3：日本図書館情報学会用語辞典編集委員会編『図書館情報学用語辞典』第4版，丸善，2013年，p. 34.
4：学校図書館に関する先進的な取り組みが多い，沖縄県の学校図書館に対する調査でも，返却後も貸出記録を残す図書館がほとんどであるという結果が出ている。
山口真也「学校図書館における読書記録の管理方法に関する調査：延滞督促と個人カードの取り扱いにみるプライバシー侵害・個人情報漏洩の問題を中心に」『沖縄国際大学日本語日本文学研究』2006年，vol. 11, no. 1, p. 35-57, http://www.okiu.ac.jp/sogobunka/nihonbunka/syamaguchi/5p035-057.pdf，(参照2017-09-07).

2．情報サービス

　メディア自体を提供するメディア提供サービスに対して，メディアに関する情報や，メディアが含む事実やデータの提供といった，情報単位でのサービスが情報サービスである[5]。

　情報サービスの代表例はレファレンスサービスである。「情報を求めている利用者に対して，図書館員が提供する個人的援助[6]」と定義される。

　学校図書館のレファレンスサービスには大別すると2種類あり[7]，ひとつは，求めるメディアが自分の学校図書館に所蔵されているかどうか，ある特定の主題に関してどんなメディアがあるか，ある特定の事柄に関する事実を知りたい，といった質問への回答サービスである。教員も学校図書館の利用者であり，彼ら／彼女らに対してレファレンスサービスを行いうる点も留意したい。

　もうひとつは図書館の利用法の指導（図書館利用教育）である。例えば次のような事項を教え，図書館の利用法を指導する。

- メディアの探索法（目録の使い方も含む）
- メディアの排架場所
- 分類の見方
- レファレンスブックの利用法
- 貸出手続き
- インターネット上の情報の検索やその信頼性の評価

5：日本図書館協会図書館ハンドブック編集委員会編『図書館ハンドブック』第6版補訂2版，日本図書館協会，2016年，p. 68.
6：日本図書館協会用語委員会編『図書館用語集』4訂版，日本図書館協会，2013年，p. 328.
7：本書の執筆にあたり，巻末の各参考文献を参照しているが，以下2段落は特に下記を参考にした。
　「シリーズ学校図書館学」編集委員会編『学校経営と学校図書館』全国学校図書館協議会，2011年，p. 165-166.

これらは，収集したメディアや情報の整理分析，学習成果に基づく討論，学習成果の発表・発信，学習成果の自己評価なども取り入れ，学校図書館を活用した情報リテラシー（本書第2章2.（1））の育成につなげたい。

　児童生徒の相談に答える際，回答そのものを知らせるのか，メディアの探索法をはじめとする図書館の利用法の指導を行うのか，教育効果を考え慎重に対応すべきである。

　一般に，図書館のその他の情報サービスには，レフェラルサービス（情報の要求に対して，その分野の適切な専門家や専門機関に照会して情報を入手し，提供するサービス。また，そうした専門家や専門機関を利用者に紹介するサービス[8]）やカレントアウェアネスサービス（利用者に対して最新情報を定期的に提供するサービス）などがある。

　さらに，学校図書館では，教科や単元，学校行事などに応じたブックリストの作成，およびパスファインダー（本書第2章2.（1））の作成を行う。これらも学校図書館の情報サービスであると言えよう。

3．読書指導，読書相談サービス

　読書指導は，国語科が中心となったり，学校全体として取り組む場合が多い。学校図書館だけで完結しようとせず，学校の方針に基づき，学級担任や教科担任と連携しつつ実施するべきであろう。

　学校図書館における読書指導の基本は，児童生徒が読みたい図書をみずから選び，自由に読書できる能力を育成することである。読書を強制したり，道徳教育に安易に結びつけたりすることは避けたい。学校図書館における読書指導は「児童生徒がいかに読書意欲や興味を高め，個人読書を楽しめるようにするか」に主眼が置かれ，国語科の授業の一環としての読書指導は読解力，読書力の向上に主眼が置かれる，との指摘もある[9]。

　レファレンスサービス（本章2）にも関連するが，図書館の利用者が読みた

8：日本図書館情報学会用語辞典編集委員会編『図書館情報学用語辞典』第4版，丸善，2013年，p. 256.

いメディアを入手できるよう図書館員が援助することを読書相談サービス（または読書案内など）と呼ぶ。

　図書館利用者（学校図書館の場合は児童生徒，教員）は，具体的にどのメディアを読みたいという意図を持って来館するわけでは必ずしもない。何か面白いものはないかといった漠然とした場合もあれば，「X に関するメディア」とだけ決めているような場合もある。利用者が求めているものを明確にするために，対話が重要になる。また，学校図書館スタッフがメディアを熟知している必要もある。新着図書案内やテーマ別ブックリストの作成（図書館のウェブサイト上のものも含む）も読書案内として有効である。

　読書指導や読書相談サービスに関連する学校図書館の活動に，読み聞かせ，ストーリーテリング，ブックトークなど（本章4）がある。読み聞かせやストーリーテリングは小学校が中心だが，ブックトークは中学校や高等学校の図書館でもしばしば行う。これらは，司書教諭や学校司書だけでなく，ボランティアに依頼したり，児童生徒同士で行っても効果がある。

　読書感想文や読書感想画のほか，郵便はがき形式で図書の感想を伝えたり，薦めたりする読書郵便も行われている。

　読書に関するデータも紹介しておく。全国SLAと毎日新聞社が共同で毎年実施している「学校読書調査」の2016年実施分によると，小中高校生の1か月間の平均読書冊数（5月1か月間に本を何冊読んだか）は，ここ数年，それぞれ10〜11冊前後，4冊前後，1.5冊前後である（小学生は4・5・6年生が調査対象，中高生は各学年が調査対象）。小中学生の平均読書冊数は1980年代の約2倍に伸びており，学校図書館に関する法律や教育行政（本書第3章），その他読書振興の取り組みの成果がうかがわれる。一方，不読者（1か月の読書冊数がゼロの者）も一定数存在する。学年が上がるにつれて増える傾向があり，小学生は4.0%だが，高校生は57.1%に上っている[10]。

9：山本順一編著『学校経営と学校図書館』第2版，学文社，2008年，p. 134.
　　本書第5章末のインタビュー記事の，「学校司書と司書教諭のスタンスの違い」における発言も参照。
10：全国SLA調査部「第62回学校読書調査報告」『学校図書館』2016年，no. 793, p.12-40.

なお，次期「子どもの読書活動の推進に関する基本的な計画」（本書第3章2）が子どもの読書活動の推進に一層意義のあるものとなるよう，各分野における有識者からの意見を継続的に聴取する会議として「子供の読書活動推進に関する有識者会議」が2017年7月から2018年3月まで設置されることになった。「高校生が読書をするようになるきっかけづくり」が検討事項に含まれている[11]。

4．行事・集会活動など

広報活動と同様，図書館の存在のアピールにもなる。あらたまった行事というより，日常的に行うものもあるが，便宜上本節で解説する。主なものを以下に挙げる。

- オリエンテーション：図書館のサービス内容，施設や設備，開館時間，利用方法，利用のルールなどを説明する。新入生だけでなく，必要に応じて在校生にも実施したい。
- 読書会：特定の図書，あるいは特定の作家やテーマの図書を読む。感想を述べ合うことや，読書感想文につなげることもできる。学級ごとや親と子の読書会も計画できる。
- 読み聞かせ：図書（絵本も含む）を子どもたちに読んで聞かせること。読書の下地になるだけでなく，子どもたちとコミュニケーションを図ることにもなる。保護者や地域住民のボランティアの協力も得たい。
- ストーリーテリング：語り手が物語を覚えて，聞き手に語ること。図書に書いてあるとおりではなく，語り手が自分の言葉に直して語る点が読み聞かせと異なる。
- ブックトーク：「特定のテーマに関する一連の本を，エピソードや，主な登場人物，著作者の紹介，あらすじも含めて，批評や解説を加えなが

11：文部科学省．"子供の読書活動推進に関する有識者会議"．http://www.mext.go.jp/b_menu/shingi/chousa/shougai/040/index.htm，(参照 2017-09-07)．

ら一つの流れができるように順序よく紹介したもの[12]」。広義では，読書相談を受けたときに数冊の図書を紹介したり，それらの内容をかいつまんで話したりすることもブックトークと言える。

- その他：読書へのアニマシオン（スペインのマリア・モンセラット・サルト（María Montserrat Sarto）氏が開発した，子どもたちに読書の楽しさを伝え，読む力を引き出すために，わざと間違えて読み，間違いを発見させるゲームなど，75の方法からなる読書指導法。読書のアニマシオン，単に「アニマシオン」とも），紙芝居，人形劇，講演会，映画会，図書館まつりなど。読書感想文コンクールに学校図書館が中心的にかかわる場合もある。最近ではビブリオバトル（お気に入りの図書を持ち寄って，その面白さについて5分程度でプレゼンテーションしあい，どれが一番読みたくなったかを参加者の多数決で決定する書評ゲーム）も普及している。

5．その他のサービス・活動

　以下，前節までの事項よりも重要度が低いということでは決してないが，本書での分量のバランス上，本節のなかに収めて述べる。

（1）広報活動

　図書館のサービス対象者（すなわち，図書館をあまり利用していない児童生徒や教員も含む）に向かって，図書館の存在をアピールする活動が広報活動である。主なものを以下に挙げる。

- 図書館報（『図書館だより』のたぐい）：図書館の行事，利用者の声，資料紹介などを載せる。
- 掲示，展示：例えば，「図書館からのお知らせ」を掲示したり，学校行事などの時事的なことや教科指導に合わせて，図書やその他のメディア

12：日本図書館情報学会用語辞典編集委員会編『図書館情報学用語辞典』第4版，丸善，2013年，p. 214.

5. その他のサービス・活動 | 125

新刊コーナー

文学賞特集

を展示する。
- 校内放送の活用。

（2）児童生徒の図書委員会の指導

　児童生徒の図書委員は一般に，返却本の排架，学校図書館の整備や飾り付け，広報誌（紙）の編集，掲示物の作成，図書館行事の運営，蔵書点検（蔵書全体を書架目録［事務用目録］と照合し，蔵書の現状や紛失資料の有無を調査すること[13]。すべての蔵書を手に取るため，今まで気がつかなかった良書を見つけられるというメリットもある），日常的な書架整理（シェルフリーディング。排架の乱れを定期的に整理，整頓する作業）などを行う。学校図書館スタッフはそれらの仕事内容やポイントを指導する。また，図書委員会として図書を選び，学校の図書選定に参加している学校もある。

　図書委員に貸出・返却業務をさせることもあるが，プライバシー保護の観点

図書委員のオススメ本

13：日本図書館情報学会用語辞典編集委員会編『図書館情報学用語辞典』第4版，丸善，2013年，p. 138.

から好ましくないという意見がある[14]。児童生徒に任せる場合は，貸出記録は個人情報を含むので，他人に漏らしてはならないことを指導する。

（3）特別な支援が必要な児童生徒へのサービス

2016（平成28）年5月の時点で，特別支援学校の小学部，中学部，高等部には，13万人以上の児童生徒が在籍している。また，特別支援学級に在籍する児童生徒数は21万人を超えている[15]。さらに，通常の学級に在籍する児童生徒の6.5％は，特別な教育的支援を必要とする発達障害の可能性があると推定されている[16]。

児童生徒の障害やニーズに応じた学校図書館メディアには，以下のようなものがある。

- 視覚障害に対して：点字図書，拡大図書，録音図書，DAISY（Digital Accessible Information System. 活字による読書が困難な人のための国際的なデジタル録音資料製作システム），さわる絵本（本書第5章脚注32）
- 聴覚障害に対して：字幕や手話入りの映像メディア
- 知的障害，学習障害に対して：布の絵本（本書第5章脚注31），マルチメディアDAISY（音声だけでなく，音声の部分のテキストや画像などがシンクロナイズ（同期）して出力される（＝音声を聞きながら同時にテキストや画像を見ることができる）デジタル図書），おもちゃ，LLブック（知的障害，学習障害などのために通常の活字での読書が困難な人にも理解できるよう，図や写真を多く使うなどの工夫をした，わかりやすく，読みやすい資料。名称はスウェーデン語の「やさしく読める」に由来する）

14：「シリーズ学校図書館学」編集委員会編『学校経営と学校図書館』全国学校図書館協議会，2011年，p. 112.
15：文部科学省．"特別支援教育資料（平成28年度）". http://www.mext.go.jp/a_menu/shotou/tokubetu/material/1386910.htm，（参照 2017-09-07）.
16：文部科学省．"通常の学級に在籍する発達障害の可能性のある特別な教育的支援を必要とする児童生徒に関する調査結果について". http://www.mext.go.jp/a_menu/shotou/tokubetu/material/1328729.htm，（参照 2017-09-07）.

また，視覚障害や，識字障害を伴う学習障害のある児童には，読み聞かせやストーリーテリングといったサービスが効果的な場合があろう。特別な支援が必要な児童生徒へのサービスを充実させるためには，学校図書館スタッフが特別支援教育への理解を深めることや，バリアフリーの施設・設備を整備することも必要だろう。

　特別な支援を要する児童生徒への読書指導や情報メディアの活用などについて，司書教諭や学校司書の資格を取得しようとする際，ほかの複数の科目でさらに学ぶ。ここでは，関連する近年の話題である，障害を理由とする差別の解消の推進に関する法律（通称：障害者差別解消法）の施行（2016年4月）について解説した拙著を紹介しておく。

- 後藤敏行『図書館の法令と政策』2016年増補版，樹村房，2016年，111p.

第9章 図書館協力，学校図書館への支援

　学校図書館の予算やメディアの収容能力には限りがあるため，利用者が求めるメディアを自館で所蔵できないこともある。その際，ほかの図書館（学校図書館とは限らない）と連携し，メディアを相互に貸借しあうことが考えられる。図書館相互貸借（単に相互貸借，または ILL（interlibrary loan の略）とも）と呼ばれる。さらに，レファレンスサービスの協力やスタッフの共同研修なども含めた図書館間の協力を，図書館協力や相互協力などと呼ぶ。協力すること自体やその理念を指す言葉に資源共有（リソースシェアリング）もある。

　学校図書館法（本書第3章1）は「他の学校の学校図書館，図書館，博物館，公民館等と緊密に連絡し，及び協力すること」（4条1項5号）と定めている。また，図書館法にも「図書館は，図書館奉仕のため，土地の事情及び一般公衆の希望に沿い，更に学校教育を援助」（3条）し，「他の図書館，［中略］及び学校に附属する図書館又は図書室と緊密に連絡し，協力し，図書館資料の相互貸借を行うこと」（3条4号）という規定がある。さらに，国立国会図書館法には「図書館人を援助する」（21条1項2号）とある。図書館協力は法律にも明記されているわけである。本章では以下，図書館協力や学校図書館への支援に関する事項について解説する。

1. 学校図書館と公共図書館の協力

　平成28年度「学校図書館の現状に関する調査」によれば，公共図書館との連携を実施している公立学校は小学校82.2％，中学校57.5％，高等学校51.1％であり，連携の内容として最も多いのは「公共図書館資料の学校への貸出」である[1]。蔵書が十分でない場合が多い学校図書館（本書第6章冒頭）への公共図書館

からの支援，という意味合いが現状では強い。例えば，学校図書館にはない専門的な資料を貸し出して児童生徒の調べ学習に活用する，といった用途がある。

また，公共図書館の司書が学校に行き，ストーリーテリングやブックトーク（本書第8章4）などを行う「学級訪問」や，児童生徒が公共図書館を訪問する「学級招待」も一般に行われている。これらは児童生徒の読書振興や，公共図書館への理解を深めることに役立つ。

公共図書館への訪問や，公共図書館からの学校への貸出の一般的な留意点には，次のものがある[2]。

- （訪問）連絡なしに多くの児童生徒が公共図書館を突然訪れると，公共図書館は混乱するし，事前準備ができない。そのため，学校図書館と公共図書館で事前に連絡調整を行う。
- （訪問）公共図書館にせっかく来たのに必要な資料がない，という事態を避けるため，公共図書館の蔵書を事前に調べる。
- （貸出）学校図書館から公共図書館へ，利用の結果報告をする。公共図書館側で集めて貸し出した資料が適切だったか，次回以降の参考になる。
- （貸出）資料の紛失に注意する。
- （貸出）司書教諭や学校司書が不在の学校では，学校図書館を経由せずに貸出を申し込む場合がある。だが，必要な資料が学校図書館にすでにある可能性もあるし，協力の体制をつくるためにも，学校図書館を窓口としたい。そのため，学校図書館を経由して公共図書館に申し込む。

2．学校図書館支援センター

センターとなる施設（学校図書館支援センター）を設置して，学校図書館同士

1：文部科学省．"平成28年度「学校図書館の現状に関する調査」の結果について"．http://www.mext.go.jp/a_menu/shotou/dokusho/link/1378073.htm，(参照 2017-09-07)．
2：石井宗雄「学校図書館と公共図書館との連携」『学校図書館』2003年，no. 633, p. 14-17．

や公共図書館との協力を支援しようとする取り組みがある。有名な例に千葉県市川市，同袖ケ浦市，埼玉県さいたま市などがあり，ほかにも各地で設立されている。教育委員会に設置される場合もあれば，公共図書館の一部として設置される例もある。

学校図書館支援センターは，例えば，以下のような役割を担う。

- 横断検索（どの図書館にどの資料があるかの一括検索）を可能にするため，担当地域内の学校図書館の蔵書をデータベース化する。
- 公共図書館，学校図書館支援センター，学校図書館などを結ぶ物流ネットワークを構築し，担当地域内の図書館相互貸借を可能にする。
- 学校図書館に対するレファレンスサービスを行う。
- 図書館業務に関する質問・相談に応じる。
- 図書館スタッフへの研修会を開催する。
- 図書館を使った調べ学習コンクールなど，関連行事を開催する。

蔵書のデータベース化および学校図書館のネットワーク化，学校図書館支援センターの確立・推進，学校図書館と公共図書館との連携については文部科学省も以下のプロジェクトを実施している。

- 学校図書館情報化・活性化推進モデル地域事業（文部省（当時），1995～2000年度）
- 学校図書館資源共有型モデル地域事業（2001～2003年度）
- 学校図書館資源共有ネットワーク推進事業（2004～2006年度）
- 学校図書館支援センター推進事業（2006～2008年度）
- 学校図書館の活性化推進総合事業（2009～2012年度）

3．国際子ども図書館による学校図書館への支援

国立国会図書館（本書第1章2）の支部図書館である国際子ども図書館は，

国立の児童書専門図書館として，全国の公共図書館，学校図書館，文庫などの児童サービス関係者に対して，資料・情報の提供や人材育成の支援を行っている。それらを一層充実するため，「国立国会図書館国際子ども図書館 子どもの読書活動推進支援計画 2010」や「国立国会図書館国際子ども図書館 子どもの読書活動推進支援計画 2015」[3]を策定し，取り組むべき活動を示してもいる。

「国際子ども図書館 子どもの読書活動推進支援計画 2010」では，学校図書館への支援として，以下を挙げていた[4]。「国立国会図書館国際子ども図書館 子どもの読書活動推進支援計画 2015」はその後継計画であり，引き続き関係諸機関と連携しつつ，子どもの読書活動推進に資する取り組みの充実を図るとしている。

- 国際理解をテーマとした学校図書館セット貸出し事業，およびその活用事例などの関連情報を提供する。図書館のセット貸出しは，公共図書館と学校図書館などとの連携のヒントとなることを意図した事業でもある。近年では，セット貸出しを行う公共図書館が増えており（朝読書用セット，郷土学習用セットなど，地域の学校のニーズに合ったセットを用意している図書館も目立つ），国際子ども図書館の意図が浸透していると言える[5]。
- 学校図書館関係者と協力して学習用ブックリストを試作し，かつ，授業に役立つブックリストの作成・活用方法について情報を提供する。
- レファレンス事例やテーマに沿った調べ方の案内など，学校図書館の学習情報センターとしての機能に資する情報を提供するとともに，学校図

3：国立国会図書館国際子ども図書館."国立国会図書館国際子ども図書館 子どもの読書活動推進支援計画 2015". http://www.kodomo.go.jp/promote/suishin2015.html，(参照 2017-09-07)．

4：国立国会図書館国際子ども図書館."国立国会図書館国際子ども図書館 子どもの読書活動推進支援計画 2010". http://www.kodomo.go.jp/promote/pdf/suishin2010.pdf，(参照 2017-09-07)．

5：国立国会図書館国際子ども図書館."事業概要". http://www.kodomo.go.jp/promote/school/rent/about.html，(参照 2017-09-07)．

書館間の情報共有を支援する。
- 学校図書館に対して遠隔複写サービス，レファレンスサービスおよび書誌情報を提供する。

さらに学習するための文献紹介

　本書では本文や脚注，巻末の参考文献一覧にさまざまな文献を載せている。さらに学習するためには片っ端からそれらに当たるとよい，ということにはなるだろうが，そうは言っても文献の量が多く，どこから手をつければよいかわかりづらいかもしれない。また，本文で触れなかったもののなかにも，読者にぜひ紹介したいものがある。そのため，さらに学習するための文献紹介を以下に設ける。

　学校図書館への理解を深めるためにさらに文献を読みたい，という場合もあるだろう。学校図書館に関するレポートや論文を書く必要に迫られる読者もひょっとしたらいるかもしれない。いずれの場合も，以下の文献は武器になると思われる。

1．学校図書館法

①新井恒易「学校図書館法の解説」『新しく制定された重要教育法の解説』東洋館出版，1953年，p. 1-42.
②全国学校図書館協議会編『学校図書館法の解説』明治図書出版，1953年，172p.
③学校図書館編集部「学校図書館法を読む：逐条の解説と30年の歩み」『学校図書館』1983年，no. 393, p.10-27.

　学校図書館に関する理解を深めるために，学校図書館法について学ぶのは有益だと思われる。近年の法改正を含め，学校図書館法の現状や最近の動向を解説する文献は多くある（巻末の参考文献一覧にも複数掲載している）。ここでは，

学校図書館法制定時のものなど，古典的なものを紹介する。
　「人」や「お金」が昔から問題だったことや，学校図書館法において学校図書館は「設備」とされるが（1条），なぜ「施設」や「機能」でなく設備なのかなど，本書で取り上げなかった経緯についても，詳しく学ぶことができる。

2．学校図書館の歴史

①塩見昇『日本学校図書館史』全国学校図書館協議会，1986年，211p.
②全国学校図書館協議会『学校図書館50年史年表』編集委員会編『学校図書館50年史年表』全国学校図書館協議会，2001年，197p.
③全国学校図書館協議会『学校図書館五〇年史』編集委員会編『学校図書館五〇年史』全国学校図書館協議会，2004年，575p.

　本書では，わが国の学校図書館の歴史について詳しく扱う余裕がなかった。このテーマについては，専門的な学術研究書がほかにも複数存在するが，基本書あるいは基本資料として上の3点を挙げる。上記のとおり，「50年史」と「五〇年史」，表記がそれぞれ異なる。データベースで検索する際などは注意してほしい。
　なお，全国SLAの機関誌『学校図書館』の創刊号（1950年）などを国立国会図書館がデジタルアーカイブ化し，国立国会図書館デジタルコレクション（http://dl.ndl.go.jp/）で提供している。『学校図書館』の創刊号もそうだが，本書執筆時点では，国立国会図書館内または図書館向けデジタル化資料送信サービス参加図書館の館内でのみ閲覧可能な場合が多いので注意されたい。学校図書館の歴史を学んだり，「時代の匂い」を感じ取るためには，こうした資料を読んでみるのもひとつの方法だろう。

3．文部科学省関連の近年の文書

①子どもの読書サポーターズ会議『これからの学校図書館の活用の在り方等に

ついて（報告）』2009年, 20p. http://www.mext.go.jp/a_menu/shotou/dokusho/meeting/__icsFiles/afieldfile/2009/05/08/1236373_1.pdf,（参照 2017-09-07）.

②学校図書館担当職員の役割及びその資質の向上に関する調査研究協力者会議『これからの学校図書館担当職員に求められる役割・職務及びその資質能力の向上方策等について（報告）』2014年, 63p. http://www.mext.go.jp/b_menu/shingi/chousa/shotou/099/houkoku/1346118.htm,（参照 2017-09-07）.

③学校図書館の整備充実に関する調査研究協力者会議『これからの学校図書館の整備充実について（報告）』2016年, 36p. http://www.mext.go.jp/component/b_menu/shingi/toushin/__icsFiles/afieldfile/2016/10/20/1378460_02_2.pdf,（参照 2017-09-07）.

④学校図書館ガイドライン（http://www.mext.go.jp/a_menu/shotou/dokusho/link/1380599.htm,（参照 2017-09-07））

　①〜③は本書で紹介したが, 再掲する。近年, 学校図書館に関して主たる論点となってきたものは何かといったことがらを調べる際, 本書のような教科書に目を通すことのほかに, 上記のような, 文部科学省関連の報告書を参照するとよい。

　③で原案を示したのち, 各都道府県教育委員会教育長などに宛てて文部科学省は④の「学校図書館ガイドライン」を2016年11月に通知した（正確に書けば,「学校図書館の整備充実について（通知）」を発し, その別添資料として「学校図書館ガイドライン」と「学校司書のモデルカリキュラム」などを示した）。教育委員会や学校の参考になるよう, 学校図書館の運営上の重要な事項について望ましいあり方を示したものである。学校図書館に関するその時点の文部科学省の見解を示すものとして, 本書の読者も押さえておくべきである。

　現時点では上の4点を挙げるが, 今後, さらに新しい文書が登場するはずである。例えば, 国立国会図書館が運営するカレントアウェアネス・ポータルというウェブサイト（http://current.ndl.go.jp/）をフォローするなど, 最新の動向に目を配ってほしい。

4．学校図書館に関する統計

①文部科学省「学校図書館の現状に関する調査」（隔年）
②全国 SLA 調査部「学校読書調査報告」（例年，『学校図書館』の11月号に掲載）
③全国 SLA 調査部「学校図書館調査報告」（同上）
④毎日新聞社編『読書世論調査』（年刊）

　図書館に関する統計の類は『日本の図書館：統計と名簿』（日本図書館協会，年刊）や『図書館年鑑』（日本図書館協会，年刊），「社会教育調査」（文部科学省．http://www.mext.go.jp/b_menu/toukei/chousa02/shakai/），「学術情報基盤実態調査」（文部科学省．http://www.mext.go.jp/b_menu/toukei/chousa01/jouhoukiban/1266792.htm）など複数ある。学校図書館に関する代表的なものとして上記を挙げる。本書も，多くの箇所で上記を参照している。上記を確認することで，学校図書館に関するさまざまな側面がわかる。

5．学校図書館に関する雑誌

①『学校図書館』（全国学校図書館協議会，月刊）
②『子どもと読書』（親子読書地域文庫全国連絡会，隔月刊）
③『子どもの本棚』（日本子どもの本研究会，月刊）

　本書では上記3点を紹介しておく。①は全国 SLA の機関誌である。それに比べると，②，③は所蔵している図書館が少ないが，学校図書館に関する記事がしばしば掲載される。通っている大学の図書館や近隣の公共図書館に所蔵がなくても，興味のある記事を複写取り寄せするなどして目を通したい。
　ほかにも，学校図書館に関する論文や記事が載る雑誌には，『日本図書館情報学会誌』（日本図書館情報学会誌，年4回刊）や『Library and information science』（三田図書館・情報学会，年2回刊），『図書館界』（日本図書館研究会，隔月

刊），『学校図書館学研究』（日本学校図書館学会，年刊）などの学会誌，『図書館雑誌』（日本図書館協会，月刊）などの業界誌もある。

6．その他

○後藤敏行『図書館員をめざす人へ』勉誠出版，2016年，228p.

　最後に拙著を挙げる。図書館員になるためのガイドブックであり，各館種の実務家へのインタビュー集である。『これからの学校図書館の整備充実について（報告）』（2016年）が学校司書のモデルカリキュラムを示すなどするよりも前のものだが，学校図書館についても，現職の司書教諭と学校司書（当時。本書とは別の方々）にインタビューを行っている。現場の声として参考になるはずである。

参考文献

- ALA Store. "National School Library Standards for Learners, School Librarians, and School Libraries (AASL Standards)". https://www.alastore.ala.org/content/national-school-library-standards-learners-school-librarians-and-school-libraries-aasl, (参照 2017-12-13).
- American Association of School Librarians. *A Planning Guide for Information Power: Building Partnerships for Learning*. American Association of School Librarians, American Library Association, 1999, 46p.
- American Association of School Librarians. *Empowering Learners: Guidelines for School Library Media Programs*. American Association of School Librarians, 2009, 64p.
- American Association of School Librarians. "Learning Standards & Program Guidelines". http://www.ala.org/aasl/standards, (accessed 2017-09-07).
- American Association of School Librarians. *Standards for the 21st-Century Learner in Action*. American Association of School Librarians, 2009, 120p.
- American Association of School Librarians.; Association for Educational Communications and Technology. *Information Power: Building Partnerships for Learning*. American Library Association, 1998, 205p.
- American Association of School Librarians.; Association for Educational Communications and Technology. *Information Power: Guidelines for School Library Media Programs*. American Library Association; Association for Educational Communications and Technology, 1988, 171p.
- Batch, K. R. *Fencing Out Knowledge: Impacts of the Children's Internet Protection Act 10 Years Later*. American Library Association, 2014, 34p. http://connect.ala.org/files/cipa_report.pdf, (accessed 2017-09-07).
- IFLA School Libraries Section Standing Committee. "IFLA School Library Guidelines". International Federation of Library Associations and Institutions. https://www.ifla.org/files/assets/school-libraries-resource-centers/publications/ifla-school-library-guidelines.pdf, (accessed 2017-09-07).
- International Federation of Library Associations and Institutions. "The IFLA/UNESCO School Library Guidelines". https://archive.ifla.org/VII/s11/pubs/

sguide02.pdf , (accessed 2017-09-07).
- Molz, Redmond Kathleen. *Library Planning and Policy Making: the Legacy of the Public and Private Sectors*. Scarecrow Press, 1990, 219p.
- Stueart, Robert D.; Eastlick, John T. *Library Management*. Libraries Unlimited, 1977, 180p.
- United Nations Educational, Scientific and Cultural Organization. "Recommendation concerning the International Standardization of Statistics Relating to Book Production and Periodicals". http://portal.unesco.org/en/ev.php-URL_ID＝13068&URL_DO＝DO_TOPIC&URL_SECTION＝201.html , (accessed 2017-09-07).
- United Nations Educational, Scientific and Cultural Organization. "UNESCO/IFLA School Library Manifesto". http://www.unesco.org/webworld/libraries/manifestos/school_manifesto.html , (accessed 2017-09-07).
- 赤間圭祐「文字・活字文化振興法」『法令解説資料総覧』2005年 , no. 286, p. 9 -10.
- アメリカ・スクール・ライブラリアン協会編；全国SLA海外資料委員会訳；渡辺信一ほか監訳『学校図書館メディアプログラムのためのガイドライン』全国学校図書館協議会 , 2010年 , 67p.
- アメリカ・スクール・ライブラリアン協会編；全国SLA海外資料委員会訳；渡辺信一ほか監訳『21世紀を生きる学習者のための活動基準』全国学校図書館協議会 , 2010年 , p. 126.
- アメリカ・スクール・ライブラリアン協会編，同志社大学学校図書館学研究会訳『インフォメーション・パワー2 学習のためのパートナーシップの構築：計画立案ガイド』同志社大学学校図書館学研究会 , 2003年 , 116p.
- アメリカ・スクール・ライブラリアン協会，教育コミュニケーション工学協会共編；全国学校図書館協議会海外資料委員会訳『インフォメーション・パワー：学校図書館メディア・プログラムのガイドライン』全国学校図書館協議会 , 1989年 , 217p.
- アメリカ・スクール・ライブラリアン協会，教育コミュニケーション工学協会共編；同志社大学学校図書館学研究会訳『インフォメーション・パワー：学習のためのパートナーシップの構築』同志社大学 , 2000年 , 234p.
- 新井恒易「学校図書館法の解説」『新しく制定された重要教育法の解説』東洋館出版 , 1953年 , p. 1 -42.
- 石井宗雄「学校図書館と公共図書館との連携」『学校図書館』2003年 , no. 633, p. 14-17.

- 今井福司「2014年学校図書館法一部改正：学校司書法制化について」『カレントアウェアネス -E』2014年, no. 265. http://current.ndl.go.jp/e1597 ,（参照2017-09-07）.
- 岩内亮一ほか編『教育学用語辞典』第4版（改訂版），学文社，2010年，289p.
- 岩崎れい「学校図書館をめぐる連携と支援：その現状と意義」『カレントアウェアネス』2011年, no. 309, p. 23-28. http://current.ndl.go.jp/ca1755 ,（参照 2017-09-07）.
- 梅本恵「学校司書法制化をめぐって」『子どもの本棚』2014年, vol. 43, no. 6, p. 33-36.
- 大分県立図書館 . "学校図書館ハンドブック". https://www.oita-library.jp/?page_id =385 ,（参照 2017-09-07）.
- 岡本真「saveMLAK の活動からみた災害時の学校図書館支援」『学校図書館』2016年, no. 791, p. 23-24.
- 学校図書館議員連盟ほか . "改正学校図書館法 Q&A：学校司書の法制化にあたって". 学校図書館整備推進会議 . http://www.gakuto-seibi.jp/pdf/2014leaflet4.pdf ,（参照2017-09-07）.
- 学校図書館担当職員の役割及びその資質の向上に関する調査研究協力者会議『これからの学校図書館担当職員に求められる役割・職務及びその資質能力の向上方策等について（報告）』2014年, 63p. http://www.mext.go.jp/b_menu/shingi/chousa/shotou/099/houkoku/1346118.htm ,（参照 2017-09-07）.
- 「学校図書館の活用で新しい学びの姿を：学校図書館座談会」『教育新聞』2017年4月24日, no. 3520. https://www.kyobun.co.jp/feature1/pf20170424_03/ ,（参照 2017-09-07）.
- 学校図書館の整備充実に関する調査研究協力者会議『これからの学校図書館の整備充実について（報告）』2016年, 36p. http://www.mext.go.jp/component/b_menu/shingi/toushin/__icsFiles/afieldfile/2016/10/20/1378460_02_2.pdf ,（参照 2017-09-07）.
- 学校図書館編集部「学校図書館法を読む：逐条の解説と30年の歩み」『学校図書館』1983年, no. 393, p. 10-27.
- 「学校図書館法の一部を改正する法律」『学校図書館』2014年, no. 766, p. 16-18.
- 学校図書館問題研究会編『学校司書って、こんな仕事：学びと出会いをひろげる学校図書館』かもがわ出版，2014年，135p.
- 学校図書館問題研究会 . "学校図書館活動チェックリスト". http://gakutoken.net/

- 勝山万里子「防災管理」『司書教諭・学校司書のための学校図書館必携：理論と実践』改訂版, 悠光堂, 2017年, p. 124-125.
- 神奈川県教育委員会 "いつでも行ける学校図書館づくり：学校図書館ボランティアハンドブック" http://www.planet.pref.kanagawa.jp/dokusyo/vol_handbook.pdf, (参照 2017-09-07).
- 狩野永治. "知識構成型ジグソー法を活用した授業展開：学習者の活動を中心とした授業づくり". http://www.jikkyo.co.jp/contents/download/9992656673, (参照 2017-09-07).
- 河村健夫「学校図書館の歴史に新たな一ページ：学校司書法制化を振り返る」『学校図書館』2014年, no. 766, p. 21.
- 河村建夫「子どもの読書活動の推進に関する法律の制定」『学校図書館』2002年, no. 618, p.15-17.
- 北克一編著『学校経営と学校図書館、その展望』青弓社, 2009年, 189p.
- 木下通子「現場の重さ：高校司書として運動にかかわって」『学校図書館を育てる：各地で広がる「小・中学校図書館に人を！」の運動の輪』教育史料出版会, 1994年, p. 120-129.
- 木下通子「高校生の読書と「イチオシ本」」『子どもと読書』2016年, no. 420, p. 13-15.
- 木下通子「国民読書年に何をするのか：高校図書館から「図書館と県民のつどい埼玉」を盛り上げよう」『出版ニュース』2010年, no. 2203, p. 8－9.
- 木下通子「図書館の楽しさを伝えていこう！：館種を超えてつながる大切さ」『みんなの図書館』2013年, no. 430, p. 16-21.
- 木下通子『読みたい心に火をつけろ！：学校図書館大活用術』岩波書店, 2017年, 228p.
- 小泉公乃「アメリカの図書館経営における経営戦略論：1960代から2000年代」『Library and Information Science』2011年, no. 65, p. 37-82. http://lis.mslis.jp/pdf/LIS065037.pdf, (参照 2017-09-07).
- 厚生労働省. "ハチミツを与えるのは１歳を過ぎてから。". http://www.mhlw.go.jp/stf/seisakunitsuite/bunya/0000161461.html, (参照2017-09-07).
- 古賀節子編『学校経営と学校図書館』樹村房, 2002年, 193p.
- 国民の読書推進に関する協力者会議編『人の、地域の、日本の未来を育てる読書環境の実現のために』文部科学省生涯学習政策局社会教育課, 2011年, 59p. http://

- www.mext.go.jp/b_menu/houdou/23/09/__icsFiles/afieldfile/2011/09/02/1310715_1_1.pdf，(参照 2017-09-07)．
- 国立国会図書館．"組織・職員・予算"．http://www.ndl.go.jp/jp/aboutus/outline/organization.html，(参照2017-09-07)．
- 国立国会図書館．"統計"．http://www.ndl.go.jp/jp/aboutus/outline/numerically.html，(参照2017-09-07)．
- 国立国会図書館．"米国学校図書館員協会（AASL）、学校図書館のプログラムを広報するためのツールキットを公開"．カレントアウェアネス・ポータル．http://current.ndl.go.jp/node/29350，(参照 2017-09-07)．
- 国立国会図書館．"米国学校図書館員協会、新しい『学校図書館基準』を刊行"．カレントアウェアネス・ポータル，http://current.ndl.go.jp/node/34991，(参照 2017-12-13)．
- 国立国会図書館．"米国学校図書館員協会、校長・教師に学校司書・学校図書館の価値を理解してもらうためのツールキットを公開"．カレントアウェアネス・ポータル．http://current.ndl.go.jp/node/31379，(参照 2017-09-07)．
- 国立国会図書館国際子ども図書館．"国立国会図書館国際子ども図書館 子どもの読書活動推進支援計画 2015"．http://www.kodomo.go.jp/promote/suishin2015.html，(参照 2017-09-07)．
- 国立国会図書館国際子ども図書館．"国立国会図書館国際子ども図書館 子どもの読書活動推進支援計画 2010"．http://www.kodomo.go.jp/promote/pdf/suishin2010.pdf，(参照 2017-09-07)．
- 国立国会図書館国際子ども図書館．"事業概要"．http://www.kodomo.go.jp/promote/school/rent/about.html，(参照 2017-09-07)．
- 小坂憲次「学校図書館法による学校司書の法制化について」『学校図書館』2014年，no. 766, p. 22-24．
- 後藤敏行『学校図書館概論』図書館情報メディア研究会，2013年，79p．
- 後藤敏行「学校図書館と情報リテラシー」『家政経済学論叢』2009年，no. 45, p. 31-44. http://hdl.handle.net/2241/103427，(参照 2017-09-07)．
- 後藤敏行『図書館の法令と政策』2016年増補版，樹村房，2016年，111p．
- 後藤敏行『図書館員をめざす人へ』勉誠出版，2016年，228p．
- 子どもの読書サポーターズ会議『これからの学校図書館の活用の在り方等について（報告）』2009年，20p. http://www.mext.go.jp/a_menu/shotou/dokusho/meeting/__icsFiles/afieldfile/2009/05/08/1236373_1.pdf，(参照 2017-09-07)．

- 小林功「整備計画の立案」『司書教諭・学校司書のための学校図書館必携：理論と実践』改訂版，悠光堂，2017年，p. 250-251．
- 坂田仰編著『教育改革の中の学校図書館：生きる力・情報化・開かれた学校』八千代出版，2004年，221p．
- 坂田仰，河内祥子編著『学校図書館への招待』八千代出版，2017年，223p．
- 坂田仰，河内祥子編著『教育改革の動向と学校図書館』八千代出版，2012年，259p．
- 坂田仰ほか編著『学校図書館の光と影：司書教諭を目指すあなたへ』八千代出版，2007年，242p．
- 塩見昇『学校図書館職員論：司書教諭と学校司書の協同による新たな学びの創造』教育史料出版会，2000年，209p．
- 塩見昇『学校図書館の教育力を活かす：学校を変える可能性』日本図書館協会，2016年，178p．
- 塩見昇編著『教育を変える学校図書館』風間書房，2006年，253p．
- 塩見昇『日本学校図書館史』全国学校図書館協議会，1986年，211p．
- 塩見昇，山口源治郎編著『新図書館法と現代の図書館』日本図書館協会，2009年，442p．
- 児童生徒の読書に関する調査研究協力者会議『児童生徒の読書に関する調査研究協力者会議報告』児童生徒の読書に関する調査研究協力者会議，1995年．
- 情報化の進展に対応した初等中等教育における情報教育の推進等に関する調査研究協力者会議"情報化の進展に対応した教育環境の実現に向けて（情報化の進展に対応した初等中等教育における情報教育の推進等に関する調査研究協力者会議最終報告）"．文部科学省．http://www.mext.go.jp/b_menu/shingi/chousa/shotou/002/toushin/980801.htm，(参照 2017-09-07)．
- 「シリーズ学校図書館学」編集委員会編『学校経営と学校図書館』全国学校図書館協議会，2011年，205p．
- 全国学校図書館協議会編『学校図書館基準：解説と運営』時事通信社，1950年，286p．
- 全国学校図書館協議会．"学校図書館憲章"．http://www.j-sla.or.jp/material/sla/post-33.html，(参照 2017-09-07)．
- 全国学校図書館協議会『学校図書館五〇年史』編集委員会編『学校図書館五〇年史』全国学校図書館協議会，2004年，575p．
- 全国学校図書館協議会『学校図書館50年史年表』編集委員会編『学校図書館50年史年表』全国学校図書館協議会，2001年，197p．

- 全国学校図書館協議会."学校図書館施設基準".http://www.j-sla.or.jp/material/kijun/post-38.html,(参照 2017-09-07).
- 全国学校図書館協議会."学校図書館図書廃棄規準".http://www.j-sla.or.jp/material/kijun/post-36.html,(参照 2017-09-07).
- 全国学校図書館協議会."学校図書館評価基準".http://www.j-sla.or.jp/material/kijun/post-44.html,(参照 2017-09-07).
- 全国学校図書館協議会編『学校図書館法の解説』明治図書出版,1953年,172p.
- 全国学校図書館協議会."学校図書館メディア基準".http://www.j-sla.or.jp/material/kijun/post-37.html,(参照 2017-09-07).
- 全国学校図書館協議会編『これからの学校図書館と司書教諭の役割:改正学校図書館法マニュアル』改訂版,全国学校図書館協議会,2000年,32p.
- 全国学校図書館協議会."情報・メディアを活用する学び方の指導体系表".http://www.j-sla.or.jp/pdfs/material/taikeihyou.pdf,(参照 2017-09-07).
- 全国学校図書館協議会."新学習指導要領における「学校図書館」関連の記述".http://www.j-sla.or.jp/material/research/post-46.html,(参照 2017-09-07).
- 全国学校図書館協議会."全国学校図書館協議会絵本選定基準".http://www.j-sla.or.jp/material/kijun/post-82.html,(参照 2017-09-07).
- 全国学校図書館協議会."全国学校図書館協議会コンピュータ・ソフトウェア選定基準".http://www.j-sla.or.jp/material/kijun/post-39.html,(参照 2017-09-07).
- 全国学校図書館協議会."全国学校図書館協議会図書選定基準".http://www.j-sla.or.jp/material/kijun/post-34.html,(参照 2017-09-07).
- 全国学校図書館協議会."全国学校図書館協議会ホームページ評価基準".http://www.j-sla.or.jp/pdfs/material/hyoka.pdf,(参照 2017-09-07).
- 全国学校図書館協議会監修『司書教諭・学校司書のための学校図書館必携:理論と実践』改訂版,悠光堂,2017年,273p.
- 全国視覚障害者情報提供施設協会."会員施設・団体".http://www.naiiv.net/about/?kaiin-sisetu,(参照 2017-09-07).
- 全国 SLA 研究調査部「2012年度学校図書館調査報告」『学校図書館』2012年,no. 745, p.44-61.
- 全国 SLA 調査部「第62回学校読書調査報告」『学校図書館』2016年, no. 793, p.12-40.
- 全国 SLA 調査部「2016年度学校図書館調査報告」『学校図書館』2016年, no. 793, p.43-67.

- 総務省．"子供向けページ集"．電子政府の総合窓口 e-Gov．https://www.e-gov.go.jp/link/kids/，（参照 2017-09-07）．
- 総務省．"なるほど統計学園"．http://www.stat.go.jp/naruhodo/index.htm，（参照 2017-09-07）．
- 高橋和之ほか編『法律学小辞典』第 5 版，有斐閣，2016年，1392, 97p．
- 知的書評合戦ビブリオバトル公式ウェブサイト．http://www.bibliobattle.jp/，（参照 2017-09-07）．
- 立川剛，福拓也「学校図書館書架の地震時挙動について」『学校図書館』2016年，no. 791, p. 33-34．
- 中央教育審議会．"21世紀を展望した我が国の教育の在り方について（第一次答申）"．http://www.mext.go.jp/b_menu/shingi/old_chukyo/old_chukyo_index/toushin/1309579.htm，（参照 2017-09-07）．
- 著作権法第35条ガイドライン協議会．"学校その他の教育機関における著作物の複製に関する著作権法第35条ガイドライン"．http://www.jbpa.or.jp/pdf/guideline/act_article35_guideline.pdf，（参照 2017-09-07）．
- 天道佐津子，柴田正美編著『学校経営と学校図書館』3訂版，放送大学教育振興会，2009年，327p．
- 東京学芸大学学校図書館運営専門委員会．"先生のための授業に役立つ学校図書館活用データベース"．http://www.u-gakugei.ac.jp/~schoolib/htdocs/，（参照 2017-09-07）．
- 図書館用語辞典編集委員会編『最新図書館用語大辞典』柏書房，2004年，643p．
- 中村伸子『学校図書館、まずはこれから』全国学校図書館協議会，2012年，53p．
- 中村百合子編『学校経営と学校図書館』樹村房，2015年，224p．
- 成田康子「"学校司書"初の明記：学校図書館法改正」『出版ニュース』2014年，no. 2350, p. 16．
- 成田康子「学校図書館「改正学校図書館法 Q&A」を読む」『出版ニュース』2014年，no. 2356, p. 16．
- 日本書籍出版協会．"読み聞かせ著作権"．http://www.jbpa.or.jp/guideline/readto.html，（参照 2017-09-07）．
- 日本図書館協会「学校図書館法の一部を改正する法律について（見解及び要望）」『図書館雑誌』2014年，vol. 108, no. 8, p. 542-544．
- 日本図書館協会．""マルチメディア DAISY（デイジー）"や「やさしく読める本」を知っていますか"．http://www.jla.or.jp/portals/0/html/lsh/redheel.html，（参照

2017-09-07).
- 日本図書館協会学校図書館部会．"学校司書法制化についての見解". 日本図書館協会．http://www.jla.or.jp/Portals/ 0 /data/bukai/ 学校図書館部会 /Kenkai_Gakkousisho_Houseika_201210.pdf，(参照 2017-09-07)．
- 日本図書館協会図書館調査事業委員会編『日本の図書館：統計と名簿』日本図書館協会，2017年，513p．
- 日本図書館協会著作権委員会編著『学校図書館の著作権問題 Q&A』日本図書館協会，2006年，55p．
- 日本図書館協会図書館ハンドブック編集委員会編『図書館ハンドブック』第6版補訂2版，日本図書館協会，2016年，694p．
- 日本図書館協会目録委員会編『日本目録規則』1987年版改訂3版，日本図書館協会，2006年，445p．
- 日本図書館協会用語委員会編『図書館用語集』4訂版，日本図書館協会，2013年，368p．
- 日本図書館研究会編集委員会編『構造的転換期にある図書館』日本図書館研究会，2010年，277p．
- 日本図書館研究会編集委員会編『子どもの読書環境と図書館』日本図書館研究会，2006年，232p．
- 日本図書館情報学会研究委員会編『図書館を支える法制度』勉誠出版，2002年，151p．
- 日本図書館情報学会用語辞典編集委員会編『図書館情報学用語辞典』第4版，丸善，2013年，284p．
- 野口武悟「特別支援学校における学校図書館のいま（1）：施設・設備と運営体制の現状と課題を中心に」『学校図書館』2008年，no. 697, p. 73-76．
- 野口武悟「特別支援学校における学校図書館の現状（1）：施設と経営体制を中心に」『学校図書館』2014年，no. 765, p. 45-49．
- 野口武悟，前田稔編著『学校経営と学校図書館』改訂新版，放送大学教育振興会，2017年，313p．
- 八王子市．"学校図書館サポート事業". http://www.city.hachioji.tokyo.jp/kurashi/kyoiku/003/004/006/p004742.html，(参照 2017-09-07)．
- バーバラ・A. シュルツ＝ジョーンズ，ダイアン・オバーグ編著；大平睦美，二村健編訳『IFLA 学校図書館ガイドラインとグローバル化する学校図書館』全国学校図書館協議会，2016年，188p．

- 肥田美代子「これは始まりである」『学校図書館』2014年，no. 766, p. 28.
- 肥田美代子「21世紀を拓く子どもの読書活動推進法：本を読む国・日本へ」『学校図書館』2002年，no. 618, p.18-20.
- 細田博之「文字・活字文化を支える学校図書館の整備・充実に向けて」『学校図書館』2014年，no. 766, p. 22.
- 福永義臣編著『学校経営と学校図書館』改訂版，樹村房，2006年，221p.
- 法令用語研究会編『有斐閣法律用語辞典』第4版，有斐閣，2012年，19,1188p.
- 堀川照代編著『児童サービス論』日本図書館協会，2014年，270p.
- 毎日新聞社編『読書世論調査』毎日新聞社，2017年，131p.
- 三浦太郎「学校図書館ガイドラインと学校司書のモデルカリキュラム」『カレントアウェアネス -E』2017年，no. 322. http://current.ndl.go.jp/e1896，（参照2017-09-07）.
- 水越規容子「学校図書館法改正をどう考えるか」『子どもの本棚』2014年，vol. 43, no. 6, p. 21-23.
- 森茜「学校図書館の運営に参画する学校司書として」『学校図書館』2014年，no. 766, p. 28-29.
- 森田盛行『気になる著作権 Q&A：学校図書館の活性化を図る』全国学校図書館協議会，2013年，51p.
- 森田盛行「全国学校図書館協議会の震災への対応」『学校図書館』2011年，no. 734, p. 14-16.
- 文部科学省『新しい時代に対応した学校図書館の施設・環境づくり：知と心のメディアセンターとして』文教施設協会，2001年，67p.
- 文部科学省．"学術情報基盤実態調査（旧大学図書館実態調査）". http://www.mext.go.jp/b_menu/toukei/chousa01/jouhoukiban/1266792.htm，（参照2017-09-07）.
- 文部科学省．"学習指導要領". http://www.mext.go.jp/a_menu/shotou/youryou/main4_a2.htm，（参照 2017-09-07）.
- 文部科学省．"学校基本調査—平成28年度結果の概要—". http://www.mext.go.jp/b_menu/toukei/chousa01/kihon/kekka/k_detail/1375036.htm，（参照 2017-09-07）.
- 文部科学省．"「学校施設整備指針」の改訂". http://www.mext.go.jp/b_menu/shingi/chousa/shisetu/013/gaiyou/1368309.htm，（参照 2017-09-07）.
- 文部科学省．"学校週5日制時代の公立学校施設に関する調査研究協力者会議報告

（子ども達の未来を拓く学校施設―地域の風がいきかう学校―）". http://www.mext.go.jp/b_menu/shingi/chousa/shotou/016/toushin/990701.htm，(参照 2017-09-07).

- 文部科学省．"学校図書館". http://www.mext.go.jp/a_menu/shotou/dokusho/index.htm，(参照 2017-09-07).
- 文部科学省．"学校図書館図書標準". http://www.mext.go.jp/a_menu/sports/dokusyo/hourei/cont_001/016.htm，(参照 2017-09-07).
- 文部科学省．"「学校図書館図書標準」の設定について". http://www.mext.go.jp/b_menu/hakusho/nc/t19930329001/t19930329001.html，(参照 2017-09-07).
- 文部科学省．"学校図書館の整備充実について（通知）". http://www.mext.go.jp/a_menu/shotou/dokusho/link/1380597.htm，(参照 2017-09-07).
- 文部科学省．"学校における教育の情報化の実態等に関する調査―平成27年度結果概要". http://www.mext.go.jp/b_menu/toukei/chousa01/jouhouka/kekka/k_detail/1376709.htm，(参照 2017-09-07).
- 文部科学省．"学校評価ガイドライン 平成28年改訂". http://www.mext.go.jp/component/a_menu/education/detail/__icsFiles/afieldfile/2016/06/13/1323515_02.pdf，(参照 2017-09-07).
- 文部科学省．"関連データ・資料等". 子ども読書の情報館. http://www.kodomodokusyo.go.jp/happyou/datas.html，(参照 2017-09-07).
- 文部科学省．"教員用パンフレット（平成20年作成）". http://www.mext.go.jp/a_menu/shotou/new-cs/pamphlet/1297334.htm，(参照 2017-09-07).
- 文部科学省．"子ども読書の日（４月23日）取組予定状況一覧". 子ども読書の情報館. http://www.kodomodokusyo.go.jp/popup/torikumi.html，(参照 2017-09-07).
- 文部科学省『子どもの読書活動の推進に関する基本的な計画』2013年，27p. http://www.mext.go.jp/b_menu/houdou/25/05/__icsFiles/afieldfile/2013/05/17/1335078_01.pdf，(参照 2017-09-07).
- 文部科学省．"子供の読書活動推進に関する有識者会議". http://www.mext.go.jp/b_menu/shingi/chousa/shougai/040/index.htm，(参照 2017-09-07).
- 文部科学省．"（３）今後における教育の在り方の基本的な方向". http://www.mext.go.jp/b_menu/shingi/old_chukyo/old_chukyo_index/toushin/attach/1309590.htm，(参照 2017-09-07).
- 文部科学省．"生涯学習の基盤整備について". http://www.mext.go.jp/b_menu/hakusho/nc/t19900130001/t19900130001.html，(参照 2017-09-07).

- 文部科学省．"情報教育の実践と学校の情報化：新「情報教育に関する手引」"．http://www.mext.go.jp/a_menu/shotou/zyouhou/020706.htm，(参照 2017-09-07)．
- 文部科学省．"新学習指導要領（本文，解説，資料等）"．http://www.mext.go.jp/a_menu/shotou/new-cs/youryou/index.htm，(参照 2017-09-07)．
- 文部科学省．"全国の子ども読書推進計画のリンク集"．子ども読書の情報館．http://www.kodomodokusyo.go.jp/popup/suishin.html，(参照 2017-09-07)．
- 文部科学省．"「第三次子どもの読書活動の推進に関する基本的な計画」について"．http://www.mext.go.jp/b_menu/houdou/25/05/1335078.htm，(参照 2017-09-07)．
- 文部科学省．"通常の学級に在籍する発達障害の可能性のある特別な教育的支援を必要とする児童生徒に関する調査結果について"．http://www.mext.go.jp/a_menu/shotou/tokubetu/material/1328729.htm，(参照 2017-07-06)．
- 文部科学省．"特別支援教育資料（平成28年度）"．http://www.mext.go.jp/a_menu/shotou/tokubetu/material/1386910.htm，(参照 2017-09-07)．
- 文部科学省．"図書館の設置及び運営上の望ましい基準（平成24 年12月19 日文部科学省告示第172 号）"．http://www.mext.go.jp/a_menu/01_l/08052911/1282451.htm，(参照2017-09-07)．
- 文部科学省．"平成28年度「学校図書館の現状に関する調査」の結果について"．http://www.mext.go.jp/a_menu/shotou/dokusho/link/1378073.htm，(参照 2017-09-07)．
- 文部科学省．"平成26年度「学校図書館の現状に関する調査」の結果について"．http://www.mext.go.jp/a_menu/shotou/dokusho/link/1358454.htm，(参照 2017-09-07)．
- 文部科学省．"平成24年度「学校図書館の現状に関する調査」の結果について"．http://www.mext.go.jp/a_menu/shotou/dokusho/link/1330588.htm，(参照 2017-09-07)．
- 文部科学省．"平成22年度「学校図書館の現状に関する調査」の結果について"．http://www.mext.go.jp/b_menu/houdou/23/06/1306743.htm，(参照 2017-09-07)．
- 文部科学省．"平成20年度「学校図書館の現状に関する調査」結果について"．http://www.mext.go.jp/a_menu/shotou/dokusho/link/1368678.htm，(参照2017-09-07)．
- 文部科学省．"別添1「学校図書館ガイドライン」"．http://www.mext.go.jp/a_menu/shotou/dokusho/link/1380599.htm，(参照 2017-09-07)．
- 文部科学省．"幼稚園教育要領、小・中学校学習指導要領等の改訂のポイント"．

http://www.mext.go.jp/a_menu/shotou/new-cs/__icsFiles/afieldfile/2017/06/16/1384662_2.pdf，(参照 2017-09-07)．
- 文部科学省初等中等教育局児童生徒課「学校図書館法の改正を踏まえた今後の施策等について」『学校図書館』2014年，no. 766, p. 26-27．
- 文部省『学校図書館運営の手びき』明治図書出版，1959年，497p．
- 文部省広報課「第16国会成立法案を見る」『文部広報』1953年，no. 60, p．2．
- 文部省初等中等教育局長．"学校図書館法の一部を改正する法律等の施行について (通知)"．文部科学省．http://www.mext.go.jp/a_menu/sports/dokusyo/hourei/cont_001/012.htm，(参照 2017-09-07)．
- 文部省大臣官房調査統計課『学校基本調査報告書：初等中等教育機関 専修学校・各種学校』1996年，787p．
- 山口真也「学校図書館における読書記録の管理方法に関する調査：延滞督促と個人カードの取り扱いにみるプライバシー侵害・個人情報漏洩の問題を中心に」『沖縄国際大学日本語日本文学研究』2006年，vol. 11, no．1, p. 35-57, http://www.okiu.ac.jp/sogobunka/nihonbunka/syamaguchi/5p035-057.pdf，(参照2017-09-07)．
- 山中規子「学校図書館が備える自然災害：学校図書館を安心で安全な居場所に」『学校図書館』2011年，no. 734, p. 47-49．
- 山本順一編著『学校経営と学校図書館』第2版，学文社，2008年，172p．
- 笠浩史「学校図書館充実に向けて踏み出す一歩」『学校図書館』2014年，no. 766, p. 24．
- 渡邊重夫『学校経営と学校図書館』青弓社，2015年，200p．
- 渡邊重夫『学校図書館の力：司書教諭のための11章』勉誠出版，2013年，264p．
- 渡辺重夫『司書教諭のための学校経営と学校図書館』学文社，2003年，215p．
- 渡辺信一，天道佐津子編著『学校経営と学校図書館』改訂版，放送大学教育振興会，2004年，258p．
- H．ファイヨール；山本安次郎訳『産業ならびに一般の管理』ダイヤモンド社，1985年，255p．
- SLiiiC．"SLiiiC Official Website"．http://www.sliiic.org/，(参照 2017-09-07)．
- Yahoo! きっず．http://kids.yahoo.co.jp/，(参照 2017-09-07)．

索　引

以下の各用語について，主な箇所または初出の箇所を示す。

▶欧文

A　AV 資料　101
D　DAISY　127
L　LL ブック　127
N　NDL-Bib　5
　　NIE　96
S　SLiiiC　78

▶あ行

充て職　80
アメリカスクールライブラリアン協会　10
アメリカ図書館協会　10

生きる力　39
印刷メディア　91

閲覧　118

オリエンテーション　123

▶か行

係り教諭　47
学習指導要領　38
学習情報センター　28
学術情報基盤実態調査　4
貸出　119
貸出方式　119
学級招待　130
学級訪問　130
学校関係者評価　48
学校教育法施行規則　23
学校経営　43
学校司書　25, 64, 73

学校司書の法制化　25
学校司書のモデルカリキュラム　26
学校施設整備指針　109
学校施設の在り方に関する調査研究協力者会議　109
学校読書調査　122
学校図書館　7
学校図書館ガイドライン　136
学校図書館活動チェックリスト　48
学校図書館基準（日本）　105
学校図書館基準（米国）　11
学校図書館憲章　15
学校図書館サポート事業　76
学校図書館支援センター　130
学校図書館施設基準　110
学校図書館セット貸出し事業　132
学校図書館宣言　14
『学校図書館速報版』　104
学校図書館担当職員の役割及びその資質の向上に関する調査研究協力者会議　69
学校図書館調査　73
学校図書館図書整備等5か年計画　36
学校図書館図書廃棄規準　108
学校図書館図書標準　37, 105
学校図書館の現状に関する調査　7, 65, 72
学校図書館の整備充実に関する調査研究協力者会議　26, 71
学校図書館評価基準　48
学校図書館法　7, 21
学校図書館法附則第二項の学校の規模を定める政令　24
学校図書館メディア　91
学校図書館メディア基準　105

学校図書館メディアスペシャリスト　13
学校図書館メディアセンター　13
学校図書館メディアプログラム　13
『学校評価ガイドライン』　49
活字文化議員連盟　33
カレントアウェアネス・ポータル　11
カレントアウェアネスサービス　121

キャレル　113
教材センター　29
切抜資料　98
禁帯出　119

経営　44
継続資料　95
言語活動　41
言語力　34
件名標目　107

公共図書館　2
公示　39
更新　107
更新資料　96
高等学校設置基準　23
高等専門学校設置基準　4
公立図書館　2
国際学校図書館協会　14
国際子ども図書館　6, 131
国際図書館連盟　14
告示　2
国民読書年　36
国立国会図書館　5
国立国会図書館サーチ　5
国立国会図書館法　5
国立情報学研究所　4
国立図書館　5
心の居場所　33

子ども読書年　31
子ども読書の日　31
子供の読書活動推進に関する有識者会議　123
子どもの読書活動の推進に関する基本的な計画　30, 32
子どもの読書活動の推進に関する法律　29
子どもの読書サポーターズ会議　69
こどもの読書週間　31
子どもの未来を考える議員連盟　31
子どもをインターネットから保護する法律　102
『これからの学校図書館担当職員に求められる役割・職務及びその資質能力の向上方策等について（報告）』　69
『これからの学校図書館の活用の在り方等について（報告）』　69
『これからの学校図書館の整備充実について（報告）』　26, 71

▶さ行

さわる絵本　76
サン・ジョルディの日　31

資源共有　129
自己評価　48
司書　2
司書教諭　24, 64, 72
司書教諭講習　25
司書補　2
視聴覚メディア　101
市町村における子どもの読書活動の推進に関する施策についての計画　30
生涯学習　19
生涯学習政策局　20
『生涯学習の基盤整備について（答申）』　19

生涯学習の振興のための施策の推進体制等の整備に関する法律　20
生涯教育　20
障害を理由とする差別の解消の推進に関する法律　128
小学校設置基準　23
情報活用能力　17
情報サービス　120
情報・メディアを活用する学び方の指導体系表　19
情報リテラシー　17
書架整理　126
書誌情報　5
除籍　107
私立図書館　2
新聞　96

スクールライブラリアン　13
ストーリーテリング　123

生徒の学習到達度調査　33
政府刊行物　96
世界図書・著作権デー　31
全国学校図書館協議会　15
全国学校図書館協議会絵本選定基準　104
全国学校図書館協議会コンピュータ・ソフトウェア選定基準　104
全国学校図書館協議会図書選定基準　104
全国学校図書館協議会ホームページ評価基準　104
選書　82
先生のための授業に役立つ学校図書館活用データベース　78
『専門情報機関総覧』　7
専門図書館　6

総合的な学習の時間　18

蔵書点検　126

▶た行

大学設置基準　4
大学図書館　4
第三者評価　48
短期大学設置基準　4

地域開放　23
逐次刊行物　96
地方議会図書室　6
地方交付税　38
中学校設置基準　23
著作権法　98

定期刊行物　96
テクニカルサービス　117
電子ジャーナル　4
電子メディア　101

読書会　123
読書指導　121
読書週間　36
読書センター　28
読書相談サービス　122
読書へのアニマシオン　124
読書郵便　122
図書　91
図書委員　126
図書館　1
図書館協力　129
図書館経営　44
図書館サービス　117
図書館相互貸借　129
図書館の設置及び運営上の望ましい基準　2
図書館法　2

図書館利用教育　120
図書室　23
図書選定委員会　43, 47
図書部　43, 47
都道府県及び市町村における子ども読書活動推進計画の策定状況調査　30
都道府県における子どもの読書活動の推進に関する施策についての計画　30

▶な・は行
『日本全国書誌』　5
日本図書館協会　3
『日本の図書館』　3

布の絵本　76

年間計画　45

パスファインダー　18
発令　7
パブリックサービス　117
パンフレット　98

ビブリオバトル　124

ファイル資料　98
フィルタリング　102
附則　24
ブックトーク　123
不読者　122
ブラウジング　113

フロアワーク　118
分類記号　106

別置　95

防災対策　114
法定納本図書館　5
ポール・ラングラン　20
ボランティア　76

▶ま・や・ら行
マイクロ資料　101
マルチメディアDAISY　127

目録　106
文字・活字文化振興法　33
文字・活字文化推進機構　36
文字・活字文化の日　36

ヤングアダルト図書　91

有害情報　102
ユネスコ　14

読み聞かせ　123

リーフレット　98

レファレンスサービス　120
レファレンスブック　91
レフェラルサービス　121

［著者紹介］

後藤敏行（ごとう・としゆき）
　1977年宮城県仙台市生まれ
　東北大学文学部 卒業
　東北大学大学院文学研究科 博士課程前期 修了
　筑波大学大学院図書館情報メディア研究科 博士後期課程 修了
　博士（図書館情報学）

　東北大学附属図書館（文部科学事務官，図書系職員），青森中央短期大学（専任講師）を経て，日本女子大学家政学部家政経済学科 准教授（2017年現在）

【主著】
『図書館の法令と政策』（樹村房，2015年初版，2016年増補版）
『図書館員をめざす人へ』（勉誠出版，2016年）
その他，単著，共著，論文多数

学校図書館の基礎と実際

2018年2月20日　初版第1刷発行

〈検印省略〉

著　者 ⓒ　後藤敏行
発行者　　大塚栄一
発行所　株式会社 樹村房　JUSONBO

〒112-0002　東京都文京区小石川5丁目11番7号
　　　　　電　話　（03）3868-7321
　　　　　ＦＡＸ　（03）6801-5202
　　　　　振　替　00190-3-93169
　　　　　http://www.jusonbo.co.jp/

印刷　亜細亜印刷株式会社
製本　有限会社愛千製本所

ISBN978-4-88367-291-2　乱丁・落丁本はお取り替えいたします。